走る日本語、歩くしまくとぅば

石崎　博志

ボーダー新書
015

はじめに

本書は、沖縄の言葉について言語学的に考察したものを、なるべく一般の方にも分かるように書いたものである。沖縄の言葉は沖縄社会のなかでどのような状況にあるのか、また沖縄の言葉はどのように変化し、本土の言葉とどのような共通性や違いがあるのかといったテーマについてまとめたものである。

まずはじめに自己紹介をしましょう。私は中国語学の教員として一九九七年に琉球大学に赴任した。それから中国語を教えるかたわら琉球語の勉強をし、いつのまにかそれが本業のひとつにもなってしまった。そしてこれまで『琉球語史研究』（好文出版）、『しまくとぅばの課外授業』（ボーダーインク）という本を出している。今は、住み慣れた島を離れ、京都の大学で教鞭をとっているが、本書には沖縄で過ごした二十年の経験が、そして私なりのフィールド・ワークをした結果が盛り込まれている。

「私なりに」というのは、通常の言語学者の実地調査とは異なり、実際に行っているのは、三線のお稽古の合間に言葉の意味を師匠にたずねたり、飲み屋で沖縄の人と雑談する流れで質問したりすることである。よって、雑談と調査の境界がほとんどないのである。そして何より違うのは、私自身も、相手も調査の意識をもってお話していないことだろう。

琉球語のことを考えるにあたり、世界の言語を見回すと、英語、中国語、日本語、フランス語は辞書も充実し、公的にも私的にも多くの学習機会があり、図書館に行けば著作物は容易に手に入る。そのうえ実際に話している人も多く、現地に行けば話す機会は数多い。だがこれらの大言語と比較すると琉球語は学習環境という点では大きな差があり、いざ話そうと思っても現地に行けば話者が見つかる状況ではない。また大言語については世界の研究者が様々な新たな方法論で研究を行っている。一方、琉球語については新しい方法論が用いられていないという状況がある。しかし、新たな視点を導入して琉球語を考えることは、琉球語の新たな姿を浮き上がらせることにもなる。

そこで本書では、英語や日本語、中国語で展開されている言語学、とりわけ認知言語学の視点から琉球語を考察した文章が含まれている。新しいといっても、実は認知言語学はすでに三十年以上の蓄積があり、すでに一定の信頼を得ている方法である。琉球語の分析にとって新たな方法論といっても、実際には身近な言葉を扱っている。

沖縄の言葉には、琉球語、うちなーぐち（沖縄口）、しまくとぅば（島言葉）など様々な呼び方がある。そして人それぞれにこだわりの呼び方もあるだろう。本書でも文脈によって使い分けをしているが、ほぼ同じ意味だと思って差し支えない。そして、一本一本の話題はそれほど長くはないので、どこからでも気軽に好きなところから読んでいただければ幸いである。

目次

第一部　琉球語を歩く　言葉と沖縄社会

【主な凡例】

「　」日本語の表現、引用。

『　』書名。

〃　〃中国語。

文頭の＊印は非文。文法的に間違った文、使われない文を指す。

文頭の？は不自然な文であることを指す。

第一部

琉球語を歩く

言葉と沖縄社会

琉球語を歩く

　私は沖縄の街角で、どこに琉球語が使われているのかを観察しながら歩いていることがある。首里城近辺を歩いていると、史跡や旧跡が数多くあり、それらを説明した案内には方言読みが記されているので、立ち止まって昔の言葉で話す光景を想像したりしている。しかし、いくつかの史跡・旧跡を回ると、地名の発音に統一性がないことに気づく。史跡名に、標準語読みが採用されていたり、方言読みが採用されていたり、また一つの史跡でも方言読みと標準語読みが混在していたりする。

　例えば、琉球王国時代の臨済宗の寺院跡「天界寺跡」の表示においては、史跡名「天界寺跡」の読み仮名には「テンカイジアト」と標準語の読み方を記すが、本文の「天界寺」を含む語に対しては「ティンケージ」という読みが記されている。また琉球王国時代から昭和初期にかけて存在した「紙漉所跡」には、史跡名も本文を読んでも方言読みは出てこない。

　一方で琉球王国時代の最高女神官の神殿・旧宅である「聞得大君御殿跡」の読み仮名に

は方言読みの「チフィジンウドゥンアト」とあり、これには方言読みしか存在しない。一方で、「聞得大君」は標準語の読み方「キコエオオキミ」は学術的にも使われているが、この読み方が案内表示に出てこないのも、いささか不親切であるとも思える。

この著者は重箱の隅をつついている。そう思われる向きもあろう。私も重箱の隅の残滓を爪楊枝で食べているような気分である。それでも敢えて物申しているのは、これらの史跡案内は堅牢な石でできており、説明は陶器の上に焼き込まれているため、容易に付け加えたり変更したりできる代物でないからである。だから製作段階でこうした言葉についての配慮が少しは必要であったのではないか。こうしたいささか残念に思う気持ちが筆をはしらせている。

観光地を抜け、住宅地などを歩くと、方言を書いた標識や指示などはなくなってしまう。だが、時々、建設業者が出している工事の看板に方言が書かれていることがある。

「この先 車線減少 くぬさち みちはばぬ くーくなとーんびぃん」（株）伲和建設
「徐行 よーんなーぐわぁ あっかしみそうりよう」（株）伸和建設
「１００ｍ先工事中 わじゃ そーいびぃん」（株）伸和建設

「わじゃ そ〜いびん UNDER CONSTRUCTION 正在施工　공사중」（株）伸和建設
「ま〜てぃきみそ〜り DETOUR 绕行道路　우회로」（株）南山開発
「いっちぇ〜 ならんど〜 KEEP OUT 立入禁止　출입금지」（株）南山開発

これは以前『沖縄タイムス』（二〇一六年三月二十日）でもとりあげられており、建設業にたずさわる方の発案のようである。こうした試みはとても好きである。

首里から下って住宅地を抜けると那覇の観光地にたどり着く。国際通りにいくと一挙に方言が増える。意外なことに沖縄の人が住む住宅地は方言表示が少なく、観光客が訪れる観光地で方言が増える。方言使用に関しては観光客を意識した表示の方がずっと多い。そして、方言使用が多い場面は以下である。

・沖縄料理のメニュー
・お店の看板（店名に琉球語の語彙を使用している）
・Tシャツや土産用品のキャッチフレーズ
・商品の広告

では、ここでお店の名前に使われる琉球語を列挙してみよう。

あかがーら　あだん　もぅあしびー　うりづん　ちぬまん
ぱいかじ　ぱやお　てんさぐ　とぅばらーま　ゆくい　カラカラ　ちんぼらぁ
しむ　てぃーだ　ちゅらさん　あんがま　めんそーれ　ちゅらかーぎー
ぐるくん　てぃーち　ゆいまーる　てぃーあんだ　どなんち　ひんぷん
てぃーらぶい　ぬちぐすい　美ら花　おじぃ　はながさ　くくるのやど
でいご　はりゆん

こうした固有名詞こそ、琉球語使用の最後のとりでと思わなくもない。

古都の住人

『京都ぎらい』（井上章一　朝日新書）という本を読んだ。京都は旧平安京の城内にあたる洛中と、それ以外の洛外に大別され、本書では洛中の人は洛外を下にみる傾向があることが語られている。著者の井上氏の印象は洛中人の端々に表れる言葉づかいから感じとったものにすぎないが、その筆致には氏の確信を読者に納得させるだけの力がこもっている。気がつくと私は無意識に洛中を首里に重ねて読んでいた。

私が沖縄で生活をしていたときは、首里に長く居を構えていたが、いわゆる、「首里人」ではない。「内地」生まれで、集合住宅に住み、地域の催しには声もかからない。だが私は余所者《よそもの》の気楽さを気に入っていた。

寓居にはマンションの広告がよく投げ込まれていた。首里に住んでいることもあり、近所のマンションの広告が多いが、そこには「マンション・ポエム」といわれる広告の文句が躍る。

「首里に住まう」
「首里城のお膝元」
「歴史を誇る」
「王朝の栄華にならう」
「いにしえより選ばれし高み」
「文化文教の街」
「気高き首里」
「誇り高き古都」
「伝統と品格」
「古都の上質なやすらぎ」
「羨望の首里」
「人と自然が美しく調和する古都」
「豊かさに満ちた日常」

こんな具合である。この美辞で購入を決意する人がいるか分からぬが、少なくとも広告主はこれらの麗句が購入者の心をくすぐると踏んでいる。

ちなみに以下は豊見城《とみぐすく》市のマンション広告である。そこには、首里のマンション広告に使われるような形容詞は見当たらない。


「リゾートと都市生活を結ぶアイランドシティ」

「ゆったりとした生活」

「豊崎まで車で2分」

「高速が近い！」

「買い物便利！」

「市街地が近い」

「海まで2Km以内」

「陽当り良好」

「全室角部屋」


豊見城には気高さや品格、伝統などないわけではなかろう。だが、その広告は生活や交通の利便性や、海の近くであることを強調する。これらの言葉は、少なくともポエムとは言いがたい。その点で首里のマンション・ポエムは別格である。

自分が内地出身の首里人ではないからかも知れないが、首里以外の方々から首里人を些《いささ》か否定的に評する場面に時々遭遇する。いや、むしろ首里人の印象をたずねると誰もが思い当たるフシがあるかのように話しだす。一方、首里人の女性本人から、私は首里人だから結婚しにくいという話を実際に聞いた。どうやら嫁をもらう先として首里出身であることがネックになるということのようである。私には首里人の心は知りようがないが、少なくとも私の経験では首里の方が他の地域の方を否定的に述べるのを耳にしたことはない。

ところで首里独特の言い回しを「首里物言《すいむにー》」という。「すい」は「首里」の方言読み、「むにー」は「ものいい」が首里の発音に転訛したものである。冒頭の本には言葉の話はなかったが、地域の言葉づかいがその地域の印象を決めている部分が少なくないのではないか。丁寧な言葉づかいや遠回しの表現は、優雅さを演出するが、ときに人を寄せつけないところがある。とりわけ敬語が発達していると言われる首里の言葉は、よけいに慇懃《いんぎん》にうつる部分もあろう。人間関係でそれまで普通の話し方だったのに、怒ると丁寧語モードに切り替わる人がいるが、丁寧さは人との間に距離を作るのである。

また首里人の「那覇におりる」という悪気のない表現が、洛中人の「東に下る《あずまくだ》（東京に行く）」と同じように受けとられている部分もあるように思われるが、どうなのだろう。私が京都の洛中人を首里人に重ねたのも、こうした些細な言い方の類似性と、それらの積み重ねがあるからなのかも知れない。

ただ、変化の兆しも観られる。今の若い首里人は、「出身は沖縄のどこですか？」とたずねられたら、「首里」ではなく、「那覇」と答えるそうである。少なくとも首里出身・首里在住の学生は圧倒的に「出身は那覇」と答える。かつての首里人なら「首里」と答えていたところである。首里と那覇との境界が意識のうえで薄れていくことは、京都の洛中と洛外が人々の間でなくなっていくこととやはり似ている。

そして最近では、首里のマンション・ポエムは少なくなっていると聞く。美辞麗句に疲れたのか、特別な場所でなくなったからなのか、理由は分からない。

街並みの保存と言葉

日本の各地で歴史的な街並みを残そうとする事業や活動が行われている。一部の地方自治体では景観条例を定めており、那覇市でも首里金城町、龍潭通り、壺屋といった地域が指定され、石畳と石垣、赤瓦など「伝統的」で「歴史的」な景観の保全と再現がはかられている。

戦火に見舞われたとはいえ、ヨーロッパの主要都市には、歴史的建造物が残っており、旧市街が観光スポットになっている。こうした街から帰国し、改めて日本の風景を眺めると、日本の街並みが統一感に欠けた、場当たり的に作られたものに見えることもある。だからこうした古い街並みを残したい、再現したいという気分はよく理解できる。

またこうした活動の背景には、沖縄戦で首里や那覇が焦土と化したことと無関係ではなかろう。あの悲惨な殺戮と完膚《かんぷ》なきまでの破壊が行われなかったら首里や那覇の街並みは、今頃どうなっていただろうか。現在の一見平和にみえる街並みをみてもそう思わずにはいられない。我々のような「戦争を知らない」世代のでもそう思うのだから、戦争を経験なさった方はなおさらなのかも知れない。

　街並みを美しくしようとする一方で、廃墟観光という分野が近年は定番とさえなっている。さびれた炭鉱や鉱山、誰も使わなくなってしまった精錬所や朽ち果てたレジャー施設といったものも、マニアックな観光客が訪れたことで保存の対象となっている。これは狙ってできるようなものではないところが興味深い。長崎県の軍艦島にいたっては、世界遺産へ登録された。何に美意識を感じ、何にノスタルジーを抱くかは人それぞれで、人の感性が実に多様であることを感じさせる。

　これは欧州でもそうなのだが、旧市街の建物によく目をこらしてみると、当然ながら現代の刻印がはっきりと見てとれる。かつては天然の木でできていた柱が、木に似せたコンクリートでできていたりするのもその例である。また保全地区であっても自動販売機が置いてあったり、コインパーキングがあったり、コンビニエンス・ストアが違和感を打ち消すように看板の色を変えているのをみると、利便性を調和・保全に何とか折り合いをつけようと苦心しているさまがみえる。法律に違反しない限り私有地に何を建てるかは所有者の自由であり、街並みの統一感よりも利便性や利益を優先する人もいるだろう。街並みに溶け込むような家を建てたい。そう思っていても、経済的な事情からそれも叶わないということもある。家具にしろ、家にしろ、統一感や沖縄のレトロな雰囲気をだすためにかかる出費はかなり大きい。景観法や条例で、人為的に景観の保全をしなくてはならないというのは、ひるがえって言えば、どんどん変わっていく街並みの変化を食い止めることが実は難しいことを表している。

こうした街並みの保存と、言葉の継承はよく似ている。街並みも言葉も、保存し、継承するには一人だけではどうにもならない。古いものを大切にして残したいという思いを抱いていても、新しいものがどんどんうみだされ、便利になっていく状況にあらがうことは難しい。そして人為的に残したとしても、そこにどこか不自然なもの、人工的なものが露呈してしまうことなども同じである。

昨日までそこに建っていた建物が、ある日突然、きれいさっぱりとなくなってしまうことがある。いざそうなってしまうと、毎日のように通っていた場所なのに「あれ？　ここに何があったんだっけ？」と思い出せなくなることもある。これは言葉と同じ、いや音というものに限っていえば、建物よりはるかに言葉を思い出すことは困難かも知れない。そして多くの人は、新しく建ったものを日常として受け入れるようになっていくのである。それをどう考えるか、どう受け止めればいいのか、いつも考えている。

正しい琉球語とは

言葉について語るとき、「言葉の乱れ」が問題になることがある。その代表的なものは「ら抜き言葉」である。例えば、以下のようなせりふはよく耳にするだろう。

「ここまでやってこれたのは、みなさんのおかげです」

この表現に違和感を抱く方は、「これた」ではなく「こられた」と言わねばならないと主張するであろう。

また「れ足す言葉」というのもある。

「私、ビールは飲めれない」

これは「飲めれない」という表現に違和感をもつ方は、そこは「飲めない」、あるいは「飲められない」という表現にすべきだと思われるかも知れない。後者の場合、こんな表現は聞いたことがないと思われるかもしれないが、かつては使われていたようである。『日本語活用形辞書』に「マ行下一段活用の動詞「飲める」の未然形である「飲め」に、受身・尊敬・自発・可能の助動詞「られる」の未然形と打消の助動詞「ない」が付いた形。」

とある。この「飲められない」といった場合は「ら抜き言葉」になる。

さらに「さ入れ表現」というのも、「日本語の乱れ」と考えられることもある。例えば、「今日は帰らさせていただきます」というのも、「帰らせていただきます」という表現なら違和感がないと思う人もいるだろう。

「日本語の乱れ」として槍玉《やりだま》に挙がるこうした「ら抜き言葉」などは、言語学では「乱れ」とはみなさない。言語研究においては、その言葉が人々によって使われている以上、それらは「言語現象」の一つ、「変化の結果」、「バリエーションの一つ」という立場をとる。

では言語に間違った表現というものが全く存在しないかといえば、そうではない。「文法的におかしい」あるいは「非文法的」とされる表現は、実際にそのような表現がその言語に存在しない場合を指す。

例えば、「*私が言葉の研究が楽しくてしょうがない」といった表現は、多くの人が違和感を抱く表現である。だが、これと「ら抜き言葉」や「れ足す言葉」と異なるのは、言い間違いでなければ、人々はこうした言い方を使っている形跡がない点にある。よって「乱れ」とされるのは、全く間違った表現ではなく、実際に使われている表現である。

さて沖縄の言葉に関しては、「消滅」といった言葉で語られることが多く、継承のあり方が話題になるときには、「正しいうちなーぐち」という言葉をよくみかける。こうした文脈で使われる「正しさ」とはどんなものなのか、私はいつも考え込んでしまう。そして若者が使っている言葉は、「沖縄大和口《ウチナーヤマトゥグチ》」と言われているが、これは沖縄口《ウチナーグチ》なのか、それとも大和口《ヤマトゥグチ》（日本語）なのだろうか。「沖縄の若者が使っている言葉は本当のうちなーぐちではない」そう言ったとき、意識的か無意識か分からないが、その根底には「正しい」沖縄口というのが、日本語のように歴史的に作られ、規範化されたうちなーぐちが厳然と存在しているという思い込みがあるのではないだろうか？

「おじいちゃん／じいちゃん」

日本語と中国語では、親兄弟や親戚の呼び方に違いがある。日本語の標準語は、祖父母を「おじいちゃん」、「おばあちゃん」と呼び、父方と母方を分けて呼ぶ場合は、「父方のおじいちゃん」、「母方のおばあちゃん」といった形で呼び分ける。その他、「福岡のおじいちゃん」とか、「糸満のおばあちゃん」といった地名で呼び分けるということをする。祖父母にあたる「おじいちゃん」、「おばあちゃん」自体は、父方も母方も指すことができる。

一方、中国語は祖父母を呼ぶ場合、父方の祖父母は〝爷爷〟〝奶奶〟と呼び、母方は〝祖父〟〝祖母〟と呼ぶ。父方も母方の両方に通用するような「おじいちゃん」、「おばあちゃん」といった呼び方はなく、呼ぶときは父方、母方を含めた言い方を使う。つまり呼び方のなかに父方か母方がすでに組み込まれているのである。これは中国語の標準語のみならず、方言を含め、共通している。

また「いとこ」の呼び方もそうで、「父方の年上の女性のいとこ」は〝堂姐〟、「母方の年下の男のいとこ」は〝表弟〟と呼び、〝堂～〟という言葉で父方を、〝表～〟という言葉で母方を言い表し、〝姐〟で年上の女性、〝弟〟で年下の男性を表している。

その点、日本語は親族呼称において、父方と母方をあまり区別しない。例えば、日本語で「いとこ」といえば、父方、母方を問わず両方使える。ついでにいえば、「いとこ」の場合、年下か年上か、男性か女性かも全く表していないのである。

日本語の兄と弟を、英語ではbrother、姉と妹をsisterと言うことから、日本語は英語に比べて年齢による上下関係を気にする言語であると言われることもある。だが、中国語に比べると、日本語は自分からちょっと親族関係が離れると、年上か年下をあまり気にしない。「おじさん」や「おばさん」は男性か、女性かぐらいは分かるが、年下か年上か、父方か母方かは分からない。「いとこ」になると、父方／母方、年上／年下はおろか、性別さえ気にかけない言い方になるのである。

こうした話題を、授業で学生に質問を投げかけながら話していたとき、ある学生がとなりの学生と私語をしていたので、何を話していたのかをたずねた。するとその学生は、父方は「おじいちゃん」、「おばあちゃん」、母方は「じいちゃん」、「ばあちゃん」という風に、「お」を付けるかどうかで区別していると発言をした。ちょっと驚いて、三十四名のうち三十一名が沖縄出身者のクラスで「お」を付けるかどうかで父方と母方の祖父母を自分が言い分けているか緊急アンケートを取った。すると二十人以上が、「おじいちゃん」と「じいちゃん」、「おばあちゃん」と「ばあちゃん」を区別して使っていると答えた。これは驚きの結果であった。

「お」を付けた場合は「父方」、付けなかった場合「母方」という傾向があるかたずねると、これは半々で、全体的な傾向は観られなかった。ついでに同居している場合に「お」を付けるか、別居している場合に付けないといった、同居という要素で使用傾向に違いがあるかたずねると、こちらも有意な傾向は観られなかった。

考えてみれば、父方と母方の祖父母を「お」だけで区別するのは、極めて合理的であり、これが沖縄に住む人々にどの程度広がっているのか興味深いところである。

妹《いも》の衝撃

沖縄に来て間もない頃、つまり一九九七年に沖縄県内の某私大で中国語の講義を担当した。中国や台湾で留学を経験した学生を対象としたクラスで、受講生は四人であったこともあり、和気藹々《あいあい》と半年の講義を終えた。そこで打ち上げをすることになり、大学近くの居酒屋で七時に約束をした。

時間になって来たのは私だけ。他の四人はまだであったが、三十分経っても誰も来ない。場所を間違えたかと思ったが、そうではなかった。予約されていたので、座卓にはお箸が五膳置かれていた。そうした状況でポツンと待っていると、約束の時間から五十分ほど経った頃に一人の学生が来た。なぜか知らない女の子を連れている。彼女の妹という。

これにはすごく驚いた。講義には無関係の、それも妹が授業の打ち上げに来るなど経験したことがなかったからだ。その意図を測りかねて、内心、困惑した。

それから次から次へと受講生がやって来たが、何故か私の知らない友達や同級生を伴っており、私を含めて五人でお話するつもりが、その後も人が増え続け、しまいには十五人もの参加者になっていた。当然、席も入れ替わり、知らない間に私は初対面の人々に囲まれて乾杯をしていた。学生にご馳走するつもりでいた私は、不安になって少し多めのお金を託して早々に辞去した。

後日、その大学の先生が電話を下さり、にぎやかにやろうという気持ちだったのではないかと学生の気持ちを代弁してくれた。その後もたびたび「場違いな人がいる飲み会」に遭遇することがあった。

ある日、卒業生から「沖縄に帰省しているから飲みましょう」と誘われて出かけて行った。すると、大勢が集まる彼女の高校時代の同窓会だった。今度は逆に私が「見ず知らずの珍客」になっていた。周囲は「誰?　この人」という反応は示さず、「ああ、まーちゃんの先生ね」ということで、飲み屋で偶然隣り合わせになった人と会話するノリで話をしてくれた。

こうした話を沖縄の友人にした。すると、その友人も同じ経験があるらしく、会社の忘年会に行ったら、職員のおばさんの孫が来ていたよという話をしてくれた。割にこうしたことはあるらしい。沖縄の人にすれば、これの何が問題なのか?　と思われたりするのかも知れない。これについて深く考えてみたが、深刻な話や打ち明け話をするわけではないので、とりたてて問題はない、という結論に達した。

だが近年は、少なくとも私の周りではそうしたことはあまりない。身近な学生数人にたずねても、大学関係の飲み会の集まりで、弟や妹を連れていくことはないという。石垣島では、小学生の息子のお友達が家に遊びに来るときは、もれなく妹がついてくるということもあるらしいが、こうしたことも「本土化」してしまったのかも知れない。

「だはず」考

沖縄の人と話しているときに、よく「行くはずよ」、「来るはずよ」といった、「〜はず」という言葉を聞く。最初は標準語と同じ用法だと思っていたが、どうやら少し異なるようである。

ある晩、沖縄の友人と人を待っていた。約束の時間からかなり経過していたので、私はちゃんとやってくるかたずねた。すると友人は「やがて来るはずよ」と答えたので、来るまでしばらく待つ覚悟をした。するとほどなくして友人が待つのをやめてお店に行こうと提案をしてきたので驚いた。私は「来るはず」という言葉から、遅刻した人は「必ず来る」と思っていたからである。私は、遅刻した人をおいていく心境がよく理解できなかったので、その沖縄の友人は案外冷たい人なのではないかと思ったのを覚えている。

その誤解が解けたのはずっと後のことである。授業に遅刻してその場にいない学生がおり、すでに来ていた学生に「彼女は来るの?」とたずねると、「来るはずよ」と答えた。本当に来るのか疑わしく、またそう「断言」する根拠も分からなかったので、質問を変えて「だいたい何パーセントの確率で来るの？」と重ねて問うと、その学生は「六〇％」と答えたのである。私は「来るはずよ」という返答から、九割の確率で「必ずやってくる」という確信に近い意味で解釈していたが、その沖縄の話し手は標準語の「来るかもしれない」や「たぶん来る」に近い語感で言っていたのである。

その後、多くの方に確認をとったが、やはり沖縄の人がいう「来るはずよ」は本土の人にとっての「来るかもしれない」程度の可能性のようだった。

また「〜はず」の用法の違いはこうした意味の程度だけではない。「例の飲み会、行く？」と聞いたとき、ある沖縄の学生は「行くはず」と答えた。標準語では「＊私は飲み会に行くはず」という言い方には強い違和感がともなう（＊が付いた文は文法的に間違った文〈非文〉であること示す）。つまりそんな言い方はしない。主語を三人称の「彼」にして「彼は行くはず」、「あの人は行くはず」と言うのは違和感がないが、主語を一人称の「私」にして「＊私は行くはず」というのは変である。

その人に「行くはず」のニュアンスをたずねてみると、「行くはず」という言い方は、標準語風に言うと「私は行くかもしれない」といった意味合いのようである。むしろ「行く」という断定を避けて、行けなくなった、あるいは行かなくなったときの「保険」のために「行くはず」と言っているのである。これは今の人が使う「行けたら行く」のニュアンスに近いか。

「はず」のもつニュアンスが異なることに気づく前は、沖縄の人の「〜だはず」というのが強い同意だと私は勘違いしていた。だがそれ以降、「そうだはずよ」という言葉を聞いても、自分の意見が完全に同意されたわけではない、ときに口調によってはやんわり否定されているぐらいに見積もるようにしている。

「わじわじ、そーそー、ちーちーかーかー」

「わちゃわちゃ」、「わじわじ」、「しりしり」……沖縄に来たばかりの私を悩ませたのはこうしたオノマトペである。オノマトペは学校では擬音語・擬声語・擬態語と習うことが多いと思われる。しかし「川がさらさら流れる」の「さらさら」は擬音なのか擬態なのか実際には判別がつかないことが多い。よってここではそれをまとめて「オノマトペ」とする。

オノマトペは、同じ音節を二回繰り返すことが多い。日本本土でもっとも有名な沖縄のオノマトペといえば「そーそー」かもしれない。これは「涙そうそう」の曲で一躍有名になったが、私はこの「そーそー」のイメージがちょっとつかめない。この「そーそー」は、水が流れる「ざあざあ」の意味にも使われるし、涙が「ぽろぽろ」流れるときにも使われるらしいので、「涙そうそう」はもちろん後者なのだろう。だが、涙がとめどなく流れるイメージであっても、実際にどの程度流れていれば「そーそー」なのかが分からないのである。これは私だけでなく、沖縄の三十代以下の方々にたずねてもどうやらピンとこないようである。

オノマトペが現実の音を真似ているといっても、これは言語によって表現の仕方が異なる。犬の鳴き声は、日本語では「ワンワン」だが、英語では「バウワウ」、フランス語では「ウアウウア」となり、どれも犬の鳴き声を表してはいるが、音声表現は異なる。逆に日本語話者が「ウアウウア」と聴いて犬の鳴き声をイメージすることは難しい。つまりオノマトペで表現される音は、実は現実の音というより、すでにそれから抽象化された一種の「言語記号」なのである。だからこそ物理的には同じ波形の音で、同じように耳に入っているはずの犬の鳴き声が、言語によって異なる変換がなされ、違ったオノマトペで表現されることになる。言語世界は、現実世界のそのままの反映ではないのである。やや飛躍して言うなれば、世界は言語のフィルターを通して認識され、その言語こそが、人間の世界への認識を形作っている。

このオノマトペも時代によって変わる。日本語も昔からイヌの鳴き声といえば「ワンワン」だと思いきや、芥川龍之介「偸盗」（大正六年）には犬の鳴き声として「びょうびょう」が、幸田露伴「天うつ浪」（明治三十六年）には「べうべう」が記されている。その一方で、江戸中期の寛永十九年の『古本能狂言集』には「わんわん」の語がみえ、尋常小学校の教科書では文語体から口語体に変化した明治三十六年に「ワン」が登場したようであ

る。（音誠一（一九九七）「犬の鳴声「わんわん」「びょうびょう」について」『金沢大学語学・文学研究』7:33-37）

国立国語研究所による『沖縄語辞典』にはどうあるか。ciicaa の項目には「（名）犬の小児語。わんわん。」ciicaaciicaa（感）「犬を呼ぶ声。」とある。「ちーちゃーちーちゃー」といった発音になろうか。ここでは「小児語」とあるが、日本語においても子供に対して使われる言葉はオノマトペが多く、これも琉球語と同様である。

沖縄のかつての言語学者・金城朝永に「琉球児童語彙」という一文があり、小児語を紹介している。これらにはオノマトペの言葉が高い割合で含まれる。（ ）内はその意味。

- チャーチャー（父）
- バーバー（祖母（平民語））
- ボーボー（赤ん坊）
- ビービー（肉類）
- ヤーヤー、ビンビン（着物）
- ボンボン（芝居）

・ミンミン（馬）
・べーべー（羊）
・ユーユー（鳥）
・ノーノー（花）
・ノーノー（鼻）

こうした言葉が現在はどの程度沖縄で使われているかは分からない。もう大部分は失われてしまっているのかも知れないが、もともとの発音が同じ「花」と「鼻」が、同じオノマトペ「ノーノー」になっていることが興味深い。

また那覇方言を中心に記述した内間直仁・野原三義『沖縄語辞典　那覇方言を中心に』（研究社）を読んでいると、思わぬオノマトペにでくわすことがある。

・コールコール：があがあ。いびきをかく音。
例　コールコールンチ ハナ フチュン〈があがあといびきをかく〉

・コッコーレーウー：雄鳥の鳴き声。

例　コッコレーウーッシ　ウタイン〈こけこっこうと鳴く〉

・ゴンゴン：どんどん。さっさと。健脚なさま。

例　ゴンゴン　アッチュン〈どんどん歩く〉

一方でオノマトペは沖縄においても、地域と時代によって違いがあるようである。例えば『南島歌謡大成Ⅳ 八重山編』24「ユングトゥ」には、鼓の音を描写して以下のように書いている。

「西東鼓なーば　ばんばんでぃ　打ちぃ鳴らしたらーどぅ」

鼓なら、今は「ポンポン」と表現するだろうが、ここでは「ばんばん」となっている。ところで、日本列島の言語では、固有語にはラ行音が語頭に立たないという特徴がある。ラ行音が語頭に立つのは中国語から借用した言葉に限られる。これは朝鮮語も同様である。沖縄の固有語においても同様にこの傾向が観られ、ラ行音がオノマトペの語頭にくる例は管見の限り知らない。

　このように琉球語や日本語に豊富にオノマトペが存在するが、英語やフランス語、そして現代中国語ではその割合はずっと少ないと言えよう。日本語のオノマトペでもそれに相当する中国語にオノマトペが存在しないことも多く、日本語のオノマトペを中国語に翻訳する際には、「彼の英語はペラペラ」というところを、〝流利〟などの一般名詞に訳されることが多い。時々、学生が卒業論文で「中国語のオノマトペについて研究したい」という者がいるが、オノマトペは日本語に特徴的な現象であっても、少なくとも現代中国語の特徴とはいえない。よって中国語のオノマトペを追究しても中国語の特徴をとらえたことにはならない。よってこうしたテーマをあえて選ぶのは、卒業論文という大学生活の集大成としてはあまり好ましいとは言えない。

　だが中国語の古典語、つまり漢文になると、〝双声《そうせい》畳韻《じょういん》〟と言って、語頭の子音の部分を同じ音にしたり、韻を踏んだりして熟語を形成している例はかなり多く観られる。「逍《しょう》遥《よう》」、「辟易《へきえき》」、「艱難《かんなん》」、「陸続《りくぞく》」といった言葉は、『漢文スタイル』（齋藤希史　羽鳥書店）においては、こうした語をオノマトペになぞらえ、「逍遥として歩く」は感覚として「ぶらぶら歩く」に近い表現であると述べている。高校で漢文を学んでいる方は、こうした感覚で中国語を捉えてみたら、少しは親近感が湧くのかもしれない。

オノマトペに関する興味深い現象として、日本語のオノマトペは「する」「つく」「めく」などの接辞を伴って動詞化する。こうした文法的展開をみせる例には以下のようなものがある。

・ぶらぶらする→ぶらつく
・ザラザラする→ざらつく
・バタバタする→ばたつく
・ムカムカする→むかつく
・きらきらする→きらめく
・つやつやする→つやめく
・よそよそする→そよめく
・ざわざわする→ざわめく

恐らく、現代語の「ひかる（光る）」も「ピカピカ」というオノマトペが動詞化したものと思われる。もともとオノマトペの「ピカピカ」が動詞化して「ピカル」になり、のちに日本語の[p]音が[h]音に変化したのにともない「ひかる」になったものと考えられる。そしてオノマトペにはもとの古い発音のみが残ったのだと考えられる。同様の例に「ピヨピヨ」という小鳥の鳴き声から「ピヨコ」となり、現代では「ヒヨコ」となっている例もある。

さらにオノマトペに「〜めく」がついて動詞化する現象を歴史的に考察すると、今はなくなってしまった表現も数多くみつかる。

・くるめく（目が回る）：くるくる＋めく↓「目くるめき枝危うきほど」『徒然草』
・はらめく（はらはらと音を立てる）：はらはら＋めく↓「雨の足あたるところ通りぬべくはらめき落つ」『源氏物語』「須磨」
・こどめく（こそこそ音を立てる）：こそこそ＋めく↓「長き沓を履きてこそめき行くに」『今昔物語集』
・とろめく（とろとろする。眠気をもよおす。）：とろとろ＋めく↓「性しょう、本よりとろめきてぞありける。ただ寝いをのみ眠ぬるを役とせり」『今昔物語集』
・むくめく（むくむくと動く。）：むくむく＋めく↓「くちなはのわだかまりむくめきはたらきあへるにこそは」『今昔物語集』

この文法的展開はかつて今よりかなり多かったようで、長崎方言を記した『日葡辞書《にっぽじしょ》』（一六〇三－四年）には今では使わない表現が数多く見つかる。

・ごそめく（ごそごそと音がする）ごそごそ＋めく
・ぎしめく（ぎしぎしと音を立てる）：ぎしぎし＋めく
・たじめく（たじたじとする）：たじたじ＋めく
・はらめく（煮かたが足りなくて，ぼろぼろする）：はらはら＋めく

では同じような例は琉球語にも観られるのだろうか。琉球語にも同様に、オノマトペ＋すん（する）の用法が観られる。

・耳ぬひっすいひっすいすん：耳がひりひりする。
・ちぶるぬ がんないがんないすん：頭が割れるように痛む。
・う汁ぬねーんねー ちーちーかーかーすん：お汁がないと食べ物がのどにつかえる。

冒頭の琉球語のオノマトペに話を戻すと、「わじわじ」や「わちゃわちゃ」といった沖縄のオノマトペは、おそらく日本語にも同じ表現が存在するのかも知れない。だけどそれらの琉球語を日本語に「翻訳」し、意味を理解した気になったとしても、それを発する人の心の叫びや、その言葉でなければ気持ちが乗らないといった感覚は、外からやってきた自分には、いつまでたってもつかめないような気がする。

ゴキブリとパイナップル

「蜚蠊」という言葉をご存知であろうか？　これは「ゴキブリ」のことで、「ひれん」と読む。日本語が中国語から借用した漢語語彙である。琉球語では、ゴキブリのことを「ひーらー」というが、すでに「ひーらー」と聞いてゴキブリだと分かる人は少なくなっていると思われる。恐らく「ひーらー」の発音は、この「蜚蠊」という漢語が由来となっているものと考えられる。

『しまくとぅばの課外授業』でも言及したが、日本語の語彙は、大きく固有語（和語）、漢語、外来語（漢語以外の外来語）に分けられ、そのうち多くの漢語は文化語に使われる。よって漢語語彙は比較的公的で格式張った場で用いられ、また専門用語にも使われることが多い。

一方で琉球語の語彙体系も、固有語（琉球語）、日本語、漢語、外来語からなり、やはり漢語語彙は公的な場で使われることが多い。しかし、なぜか「ゴキブリ」のうちなーぐちでの呼び方には漢語が反映されている。「ゴキブリ」が、「公的」、「格式」、「文化」、「専門的」といったこととは無縁のはずなのに、どうしてこの言葉に漢語語彙が使われているのか、不思議に思うところである。

もう一つ、沖縄の名産に「パイナップル」がある。パイナップルという言葉自体はもちろん漢語以外の外来語で、pineappleという英語に由来する。パイナップルの中国語は方言によって多様な言い方があるが、その一つに〝鳳梨〟というものがある。これを日本漢音で音読みすると「ほうり」となる。沖縄では今はあまり使われないようだが、「パイナップル」を「ほーりー」という。この「ほーりー」という発音は、やはり「鳳梨」の音読みである「ほうり」が近い。もしこの「ほーりー」の発音が〝鳳梨〟の音読みに基づいていることが確かなら、「パイナップル」のうちなーぐちの呼称も漢語（音読み）が反映されていることになる。ちなみにこれは中国語の発音フォンリー[fènglí]の反映したものではない。

果物に関連してもう一つ例を挙げよう。沖縄ではグアバのことを「ばんしるー」と言っている。グアバの漢語名は「蕃石榴」でこれを音読みすると「ばんせきりゅう」になるが、やはりこれも琉球語と漢名が音声的にかなり近い。ただ「蕃」を「ばん」と濁音で読んでいるところをみると、漢名を日本語で音読みした発音が、方言の「ばんしるー」になったようで、やはり中国語の発音ファンシーリィォウ[fānshìliú]が直接反映されたものではなさそうである（似てはいるがもともと同根なのでそうなる）。

さて沖縄の果物といえば、現代においては、マンゴーが欠かせない。「マンゴー」は中国語では〝芒果〟と書かれる。恐らくMangoという外来の果物を、中国語に翻訳する際に発音が似ており、かつ果物であることを感じさせる漢字〝芒果〟が選ばれたのだと考えられる。中国語において、外来語を中国語に「翻訳」する際には、こうした発音だけでなく、ダジャレのように意味と発音を兼ねた漢字が選ばれることが多い。

例えば、コーラには「楽しむべし」とも読める〝可乐（可楽）〟という漢字が使われ、ドイツ車のベンツは〝奔馳〟というが、これには「奔走」の「奔」、「馳せる」の「馳」という移動する動詞が使われる。ベンツ＝〝奔馳〟は、Benzの発音に近い漢字が選ばれるだけでなく、意味もそれに重ねた漢字を選んであてているのである。

さてふと考えると、マンゴーには、うちなーぐち独特の語彙はあるのだろうか。比較的導入が新しいものなら、ひょっとしてないのかも知れない。どなたか教えて下されば幸いである。

「敬語」と敬意表現

学生に日本語の特徴は何かと問うと、「敬語があること」を挙げる者が必ずいる。敬語を「尊敬、謙譲、丁寧」といった文法的手段に限定すれば、その答えは、間違いとはいえない。だがそれが日本語のみに存在するかといえば、そうではない。日本語の敬語は「する」、「なさる」、「いたす」のように語彙的、文法的手段を用いるが、こうした手段は朝鮮語にもある。それどころか朝鮮半島では祖父母や親にも敬語を日常的に使っている。例えば、誰かが家を訪ねてきて、父親が不在にしていたとしよう。子供がそのことを伝える場合、日本語では敬語を使わないが、韓国語では敬語を使う。

韓国語：지금 아버지는 집에 안 계십니다（今、お父さんは家にいらっしゃいません）
日本語：今、父は家におりません。

韓国語では目上なら身内であっても敬語を使うが、日本語は、身内は敬語を使う対象から外れる。しばしば韓国語は「絶対敬語」、日本語は「相対敬語」と言われるのは、こうしたことを指す。韓国の、特に男性が知り合って間もないタイミングで相手の年齢をたずねることも、朝鮮語の敬語と無関係ではない。それは年上であれば敬語を使う話し方に変えなければならないからである。

では英語や中国語はどうかといえば、日本語や韓国語とは様相が異なる。つまり英語や中国語は文法的手段を中心とするのではなく、別の方法で相手への敬意を表している。日本語のなかでも、土佐弁や紀州弁（和歌山）などのように文法的手段を使わない地域もある。「敬語」の意味合いをより広くとらえるならば、話題の出し方や言葉の選び方といったものも含まれる。こうした広い意味での「敬語」を「敬意表現」と言ったり、また外来語を借りて「ポライトネス」と言ったりもする。

国内外を問わず、どの社会にも、上下関係はある。目下の者が目上の者に敬意を表しつつ言葉を発する場面も、必ず存在する。上下関係でなくとも、人に何かをお願いする場面では必ず相手への敬意を表す必要がでてくるだろう。例えば、見ず知らずの他人のお宅でトイレを借りる場合を想像して頂きたい。日本語でいう「敬語」がないからといって、「おまえの家の便所でウンコさせて～」などと、ぞんざいな言葉を使って家の人にお願いする、とは考えにくい。「敬語」にあたる表現がない言語だから、常にぞんざいな言い方になる。むしろそう考える方が不自然であろう。

では中国語ではどのように相手への敬意を表すのだろうか。例えば依頼の場面では「お願いします」より、「お願いできますか？」と文を疑問形にして、相手に「いいえ」と言わせる余地を残す方が敬意の度合いは高い。また「お力を借りたい」と相手を持ち上げたり、逆に「私の力不足で」と自分の力量を下げて謙遜したりする。そして「お忙しいとは思いますが」と相手を配慮する表現を使ったりして、多くの言葉を費やして依頼をするのである。よって長い表現ほど、丁寧であるとみなされる傾向がある。

また依頼に対応する時間的余裕を相手に与えるのも敬意の表れである。ドイツでは、要求に応える準備期間が長いほど重要なお願いであることを示すメッセージとなる。相手の状況を忖度《そんたく》せず、準備期間を与えないのは、そもそも重要なお願いや要求だと見なされないおそれがある。

さて、沖縄の言葉に目を転じると、首里や那覇の特徴として敬語があることを強調している文に出会うことがある。例えば、琉球大学の琉球語データベースの「首里・那覇方言概説」では以下のように書かれている。

「敬語の発達
首里，那覇の方言の特徴は，なんといっても階級による言語差と敬語を発達させたことです。とくに首里方言には，国王を頂点にする階級制度があり，それを反映して，かつては階級，性別，年齢の違いに従って敬語が使い分けられていました。ことに士族と平民とでは大きく異なっていました。親族名称（呼称も）にははっきりと二つの系列がありました。」

そして、「動詞にも「普通の言い方」「丁寧な言い方」「尊敬動詞」があります。」と記されている。

これはひるがえって言えば、首里や那覇以外の地域には敬語が「発達」していないということを示唆している。もちろん敬語がある言語は高級、なければ低級というわけではない。だが、これを読むとそんなイメージをついもってしまいそうになる。では、首里や那覇以外の地域の敬語はどうなっているのだろうか？　当然、沖縄本島の北部地域や南部地域にも、相手へ敬意を示さねばならない場面がある。そのときに、どのような振る舞いをし、どのように言葉を選んでいるのだろうか。恐らく言葉を重ねて、慎重に言葉を選ぶような、英語・中国語タイプのスタイルがとられていると想像するが、これは文法だけをみていては分からない事柄である。

近年、日本語がバカ丁寧化していると言われる。『バカ丁寧化する日本語』（野口恵子　光文社新書）という本も二〇〇九年に出版されている。「明日、メールを下さい」というだけでも本来なら丁寧だったのだが、「お手数ですが、明日、メールを頂ければ幸いに存じます。お忙しいところ誠に恐縮ですが、お願い申し上げる次第です」と長ければ長いほど丁寧度が増すという印象を、若年層になればなるほど持つようである。そうなれば、丁寧語を過度に発達させた標準語と地域言語との差は大きくなるばかりに思える。そして将来、敬語が変化し、日本語は中国語的、欧米的敬意表現にシフトしていくのかも知れない。

「いただいてください」を否定すること

沖縄に住んでいて、沖縄の方からお土産をいただくことがある。そのとき、先方が「神戸のお土産だけど、みんなでいただいてください」と言い添えることも少なくない。

このときの「いただいてください」は、日本語の標準的な言い方では「敬語の誤り」とみなされる。標準語では「お受け取り下さい」、「ご笑納下さい」、食べ物なら「召し上がって下さい」というのが「正しい」使い方である。

なぜ標準語では「いただいてください」という表現が誤りとみなされるのか。それは「いただく」は謙譲語で、「受け取る」行為を、自分の立場を下げて言うときに使うからである。よって「いただいてください」と言って物を渡すのは、相手の「受け取る」あるいは「食べる」行為をおとしめて言っていることになるので、誤用となる。これが一般的な説明である。

では沖縄の方はどうして「いただいてください」という表現を使うのか。それは、首里や那覇の言葉には、話し手が主語を低め、聞き手に対して改まって述べる（聞き手に敬意を示す）表現、つまり謙譲語Bが存在しないことが影響していると思われる。謙譲語Bとは、以下の「いたす」、「まいる」、「申す」という表現である。

「私が会議室の掃除をいたします」
「私は夏休みに旅行にまいります」
「それは昨日私が申し上げました」

よって沖縄の方、特にうちなーぐちを言葉のベースに標準語を使う方は、「召し上がる」に相当する言い方がないので、それに似た表現である「いただく」を選んでしまうのだと思われる。そして「いただいてください」という表現が多くの人に使われると、それが正式な表現と認知され、その表現を迷わず使うようになるのだと思われる。かつてコンビニや居酒屋で若い人が使う誤った敬語が「バイト敬語」として批判されたことがあった。「千円からおあずかりします」、「ご注文は以上でよろしかったでしょうか」といった表現である。のちの研究でこれらはお店側のマニュアルで指示されていた表現ではなく、店員自身が先輩などの口調を真似た結果、その表現が広まり、定着したものであることが明らかになった。おそらく沖縄における「いただいてください」の広がりと定着もバイト敬語と似た状況にあったものと推測する。

ちなみに謙譲語Aは「（お宅）にうかがう」、「（先生に）申し上げる」、「（師匠）をご案内する」、「（婚約者の両親に）お目にかかる」といった、話し手が主語を低めて行為の関係する方を高めるタイプの謙譲表現である。

実は、「いただいてください」と言ってお土産をさしだした学生に対し、沖縄の偉い先生が、「沖縄の人が使う『いただいてください』は間違いです」と言っているのを見たことがある。そのさまは、鬼の首を取ったようであった。確かにその方が標準語を話しているという設定なら、その指摘は間違ってはいない。だが、私は「いただいてください」といってくれた人に、標準語からずれた表現であることを理由に、否定の言葉を返す気持ちにはなれない。それは、話し手が相手に気を遣い、失礼のない言葉を使おうと配慮しようとする気持ちからでた表現だからであり、こうした指摘は、相手の気持ちに水を差すものだからである。つまり言葉は標準語とは違っているが、その「いただいてください」は、相手の行為をおとしめるために使われた表現ではなく、むしろその逆なのである。

敬語は何のためにあるのだろうか。「正しい」、または「正しくない」と指摘できる立場にある人が、何らかの理由で敬語が不得手な人に対して優位に立つためのものなのだろうか。現に「あの人は敬語がちゃんとできない」と指摘する関係性のほとんどは、上下関係、それも上から下への関係である。敬語を社会的な存在と位置づけた場合、これは上下関係を確認し、相手よりも一段高いことをアピールする「マウンティング」行為の一種とも見なされる。特に就職の面接においては、敬語ができるかどうかも隠れたチェックポイントになっているに違いない。

　敬語は、気持ちの表れである。相手にとって違和感のない表現をすることに越したことはないのかも知れないが、心がこめられた「言い間違い」を私は揶揄《やゆ》する気持ちにはどうしてもなれない。

受け身をとおしてみる言葉

「友達が先生にほめられた」、「旅行先で、私は財布を盗られた」といったタイプの文を受身文という。主語の「友達」や「私」が、「ほめる」、「盗む」という行為の受け手になる文のことをいい、言語学では受動態ともいう。逆に主語が動作や行為をする側になるものを能動態という。

日本語の典型的な受動態は、「れる」・「られる」を使う。やはり主語が行為の受け手となる文である。受身文で使われる動詞は、主に「〜を」を使って目的語をとるような動詞、つまり他動詞を使うのが一般的である。例えば、「ほめる」、「とる」、「ぬすむ」、「なぐる」などは「〜を」という目的語がなければ文が成立しないことが多い。「私はよく息子をほめる」と言えば特に違和感はないが、「息子を」という目的語を抜いて唐突に「私はよくほめる」だけを言っても、何を言いたいのかはすっきりとは伝わらない。

その一方で日本語には、目的語をとらなくてもいい動詞、つまり自動詞を使った受身文がある。「昨日、彼女に泣かれた」、「去年、彼女は夫に死なれた」、「国際通りで雨に降られた」

というように、「泣く」、「死ぬ」、「降る」といった、「〜を」をとらなくてもよい自動詞にも受け身が成立する。これらは「被害の受け身」や「迷惑の受け身」と言われ、表現内容が否定的な内容にかたよる傾向がある。

この「自動詞を使う受身文」というのは、日本語以外の言語を見回してもとてもめずらしい。英語やフランス語、中国語、そして言語的にかなり近い朝鮮語や琉球語でもこのタイプの受身文はない。だから「彼女に泣かれた」、「夫に死なれた」という表現をとろうとしても、それらの言語では「彼女が泣いた」、「夫が死んだ」という能動態の表現をとらざるを得ない。よって日本語の「雨に降られた」を中国語や英語に直訳しても、それらの言語の母語話者からすれば、奇妙な英語や中国語になってしまうのである。

中国語にも受身文があるが、中国語は日本語とは少し異なった特徴をもっている。それは受身文の形をとった時点で、その語られる内容が否定的な内容やうれしくない事柄になってしまうのである。つまり中国語の受身文は、ほとんどの場合、被害のニュアンスを伝えるために使う。「洋服が子供に汚された」、「自転車を弟に乗って行かれた」といった文に使われ、口語では「*先生に今日ほめられた」とか「*好きだった人にデートに誘われた」といった嬉しい内容は受身文という形をとらないのである。よってこれらは中国語で

「先生が今日私をほめた」、「好きだった人が私をデートに誘った」という文法で表現する。

また、日本語にはよくある「〜にさせられた」といったタイプの使役と受身が組み合わさった表現も中国語には存在しない。つまり「私は小さい頃、ピアノを習わされた」という形の文はない。中国語では受身の形をとらず、「母が私にピアノを習わせた」という文になるのである。ついでにいえば「*あの人から自分は変人だと思われている」、「*駅前で声をかけられた」といった、中国語の〝想〟（思う）、〝説〟（言う）といった動詞は受身文を表すことができない。

そして中国語には日本語話者からみれば「奇妙」にみえる受身文がある。それは〝私によって〜された〟という意味の受身文である。〝蛋糕被我吃了〟（ケーキは私に食べられちゃった）〝钱包被我忘在家里了〟（財布が私に家に忘れられた）、〝面包被我烤糊了〟（パンが私に焦がされてしまった）といった具合である。日本語話者からすれば、「自分がやったことなのに、他人がやったように言うな！」と文句がでそうだが、これらは決して自らの責任を回避するような言い方ではなく、いずれも不覚にも「やっちゃった！」というニュアンスをだすときに使われるようである。こうした〝私によって〜された〟という受け身は、日本語には観られないし、琉球語にもないらしい。

こうした系統が異なる言語と言語を比較して、お互いの共通性や違いを研究する学問分野を対照言語学と呼んでいる。この分野では主に文法の比較が行われるのだが、こうした言語学の成果は、外国語教育やコンピュータの機械翻訳といった実用的なもののみならず、外国語を通して母語への理解を深めることに役立てることができる。

日本で学校教育を受けた人は、受身文と言えば、英語の時間の英作文で能動文を受身文に言い換えたり、逆に受身文を能動文に書き換えさせられたのではないだろうか。言語学では一般的に異なる形をとる文は、言っている内容がたとえ同じでも、ニュアンスや使える文脈が異なると考える。つまり能動文と受動文を入れ替えると、ニュアンスが違ってくる、あるいは文の適格性が変わってくるのである。

さて琉球語の受身文はどうだろうか。実は首里や那覇の言葉では、「彼女に泣かれた」や「夫に死なれた」という自動詞が受け身になる文はない、と言われている。つまり日本語の標準語の「泣かれた」、「死なれた」という表現は、本土の一地域の言語特徴にすぎないかもしれず、日本語においてもこうした自動詞の受身文は、歴史が浅いのかも知れない。だが琉球語が次第に標準語的な表現を取り入れ、「夫に死なれた」タイプの受身文も、当然のように使われるようになるのかも知れない。本来なら、琉球語は自動詞を受身文に使うことがない言語である。だが将来的に日本語的な特徴を有する言語に移行していくかも知れない。これを、「新たな表現の獲得」というのか、「日本語にはない、琉球語の特徴の喪失」ととらえるのかは、判断が難しい。

「殺すぞ」と「死なす」

以前、兵庫県西宮市の当時現職の市長が、『読売新聞』の記者に「殺すぞ」などと暴言を吐いたことがニュースになった。市長は当初、『読売新聞』が謝罪するなら、謝罪すると宣言していたが、その後、発言内容が不適切であったことを認め、謝罪文を『読売新聞』に提出したと伝えられている。発端となった事柄やその経緯はやや複雑らしいが、この「殺すぞ」発言への批判として「公人としてふさわしくない」というものがあった。どうやら多くの人のなかには、「公人」は「公人」らしい振る舞いをすべきという価値観が存在しているようである。

その後、これがちょっとした関西人論に発展していた。それは関西人なら「殺すぞ」という言葉は日常的に使うし、「脅し」、「恫喝する」というニュアンスはそれほどないという説明であった。いうなれば「うるせえよ」くらいのニュアンスだという。それに対し、別の関西人からは関西ではそんなことは日常的には言わないという反論意見があり、また大阪人なら「大阪湾に沈めたる」、「大阪南港は冷たいで～」、「コンクリの靴、履くか？」、兵庫の人なら「六甲山に埋めたろか」、「六甲にでもドライブ行くか」など、多彩な表現を使うという指摘があった。

このどこかの「海に沈めるぞ!」、「山に埋めるぞ!」という表現は日本全国にある「おどし」の定型的な表現のようである。だが「冷たいで〜」、「コンクリの靴」、「ドライブに行く」という表現は、婉曲的というよりはむしろ文学的であるとさえ思う。

実はこうした「ものの言い方」も言語学の研究対象である。『ものの言いかた西東』(小林隆・澤村美幸　岩波新書)には、ののしり言葉やその表現にも、ある種の地域性が観られるということが指摘されている。つまり「うれしさ」を伝えたり、「言いがかり」を言ったりする表現にも、地域によって定型性があり、例えば「言いがかり」にもある固定化した決まり切った言い方しかしない地域と、実に豊富な表現手段をもっている地域があることが実例とともに紹介されている。

つまり、当時の西宮市長の「殺すぞ」という表現は、恫喝《どうかつ》の方法としては「公人らしくない」ということに加え、そんな言い方は「関西らしくない」というのが一部の関西弁ネイティブが抱いた感想のようである。もちろん「殺すぞ」と直接言われた記者を気の毒に思う一方で、このニュースで意外な関西人の言語表現が垣間見られたのは一つの収穫であった。

では沖縄ではどうだろう。私はかつて「殺すぞ」に対応する沖縄の表現は「死なす」だと思っていた。それは沖縄では使役表現がよく使われることと、本土では「死なす」＝「非意図的な行為によって相手が死亡する」ことを意味すると思っていたことが勘違いの要因であった。二〇一八年八月十日付『毎日新聞』には以下のみだしがおどっている。

「介護施設職員を逮捕　入所女性殴って死なす」

これは熊本市で発生した事件である。

だが、沖縄の方にたずねると沖縄で使われる「死なす」という表現は、暴力をふるうだけであり、標準語の「殺す」までの意味はないようである。中国語を専門としている私がとっさに思いついたのは、中国語の〝殺〟は、殺す行為だけを指して、相手が死ぬことまでは含まない、ということだが、もちろんそうではないらしい。「死なす」はいわば「殴ってボコボコにしてやる」という意味だという。決して殺すことではないという。殺意を直接表現するなら「たっくるさりんどー」を使うようである。動詞「たっくるす」＋受身接辞「される」＋「どー」という。標準語に直訳するなら、「殺されるぞ」となるのだが、ここで受身を使って表現しているところが実に興味深いところである。ただ「関西」のように、殺す方法をほのめかすことによって相手に殺すことを伝えるという表現方法は、どうやら沖縄では少ないようである。

ちなみに首里の「くるす」は『沖縄語辞典』によると「殺す」という意味が与えられているが、「主に動物を殺すこと」と言い添えられている。さらに二つ目の語釈では「打つ。なぐる。タタックルスンなどともいう。やや乱暴な語。」とある。「タタックルスン」は「叩き殺す」であろうが、意味の比重は「殺す」ではなく、「叩き」に置かれているようである。「たたっくるすん」の「たたっ」が「たっ」に縮約して「たっくするん」になり、これに受身「される」が付加されて「たっくるさりんどー」という表現になったのであろうか。

話はいささか飛躍するのだが、殺人事件においては、計画的だったか／衝動的だったか、殺意があったか／なかったかなどが量刑を左右する。例えば、裁判の場において日頃からある人物を「死なす」と言っていた人が、本当にその人を殺してしまった場合、どうなるのだろう。沖縄の言葉に理解の及ばない裁判官なら、この「死なす」発言が「殺す」という意味に解釈することも十分に考えられよう。私は基本的に裁判員裁判制度には否定的なのだが、こうしたニュアンスを伝えられる裁判員がいたとしたら、この制度を導入した意味も少しはあるかも知れないと思う。「うちなーぐち」のニュアンスを伝えられる裁判員が被告の将来を大きく左右してしまうかも知れない……などと空想したりもするが、言葉を過大評価したものにすぎないかも知れない。恐らく実際の裁判は言葉のニュアンスだけでなく、死に至るプロセスでどれほどの行為を行ったのか、行為の後に助けようとしたか、長い時間軸で考えた場合、行為の前後にトラブルの種があったのかなど多くの要素で判断することになると思われる。

沖縄における「くるせ」の解釈をめぐって実際に裁判で争われたとされる話がある。伊佐千尋『逆転　アメリカ支配下・沖縄の陪審裁判』岩波現代文庫がそれである。これは沖縄の普天間でアメリカ兵が殺傷された事件の記録で、裁判では沖縄の四人の青年が殺人の容疑に問われたものである。米軍統治下の沖縄では一時期、米国の陪審員制がとられており、こうした点からも非常に興味深い本である。実際に読んでみると琉球語の解釈が争点になっているとは言えなかった。しかし、沖縄ではこの実際の裁判劇が沖縄の言葉の解釈をめぐる文脈で語られることが多く、尾ひれがついて語れることも多いのが興味深い。

「おはよう」と返してくれない人

大学で使われる中国語の教科書には、日本語の「こんにちは」「さよなら」「よろしくおねがいします」に相当する中国語が書かれている。どの教科書も最初の方に「こんにちは」に相当する〝你好（ニーハオ）〟が書かれているが、中国人は親しい間柄では〝你好〟を使わないことが知られている。

中国語では食事の前に「いただきます」も言わないし、食べ終わっても「ごちそうさま」とも言わない。ずっと無言というわけではないが、決まり切った挨拶を言う習慣がない。

英語でもこれらに相当する言葉はなく、少なくとも「決まり文句」は存在しない。時々、映画やドラマで食事前に家族が手をつないで神に恵みを感謝するシーンがあるが、これは「いただきます」とはだいぶ違う。

フランス語においても、食事の際にBon appétit（ボナペティ）というが、これは食事を提供する人が、食事を食べようとする人に対していう「召し上がれ」に近く、これを言われた人、つまり食べる側はMerci（ありがとう）と言って食べる。日本語の「いただきます」のように食べる側が自発的に言うのではない。

挨拶といえば、どこもそう変わらないと思われがちであるが、挨拶の習慣は実に多様である。よって日本語の標準語的あいさつ言葉に相当する決まり文句が必ず外国語にあるとは限らないのである。

朝は「おはよう」から始まり、夜は「おやすみなさい」で終わる。現代ではこうした言語行動は当然のことと思われている。だが、多くの言語を学び、実際に接してみるとこうした決まり切った挨拶をしないという地域もかなり観られる。

今は「おはよう」になっている朝のあいさつ言葉だが、かつては人と人が出会ったときに交わす言葉に決まりきった表現はなかったと考えられている。中学や高校では古文や漢文を勉強するが、例えば高校の先生に古語で「おはよう」をどういうかとたずねてみたらどうだろう。恐らく先生は答えられずに困ってしまうのではないだろうか。

もちろん昔の人も誰かと道などで出会ったら声をかけていただろう。だがそれが決まりきった言い方（常套句や定型句という）ではなく、その場に応じた形で「声かけ」を行っていたと思われる。

なぜそういうことが言えるかといえば、日本各地で朝の出会いで発する言葉を研究した結果によると、実に多彩な「声かけ」があることが明らかになっているからである。なかには声さえかけないという地域もある。また「おはよう」は使わず、「良い天気だ」と天候を話題にしたり、「どこに行くんだ?」と相手にたずねたり、また私の同僚の沖縄の方は家族には「起きたか?」と声かけするという。

実際に沖縄の方、それも少し年齢がいった方にお話を伺うと、朝起きて「おはよう」と言っても、全然返事が返ってこないという話をよく聞く。私も、最初は夫婦が不仲で、挨拶をしないのは、ごくごく個人的な理由によるものと思っていたが、何十人にも聞くと、これが割合によくある状況であるという確信が深まってきた。返事をしない人は、一般に口べたが多い男性が多いかと思いきや、女性も返事をしないという例もかなりの数にのぼるのである。

これと似たような状況は、東北地方の一部にも観られるようである。『ものの言いかた西東』(小林隆・澤村美幸　岩波新書)には、「『おはよう』と言わない地域」という一節があり、ここでは宮城県の気仙沼市に訪れた介護士が、地元の人に「おはようございます」とあいさつしても、返事が返ってこなかったエピソードを紹介している。

では朝のあいさつはどのようにして「おはよう」になったのか？　それにはいくつかの段階が想定される。最初は、特に決まった言い方のない段階「フリーの声かけ」から、「よく交わされる話題のやりとり」をする段階になり、それが「お早く〜」から発音が転じて「おはよう」に固定化したと思われる。そして標準語の普及によって、「おはよう」という固定化したあいさつ言葉が拡散し、その結果、各地の言語習慣を変えたのである。言葉の変化にはこうした言語習慣の変化も含まれる。

みなさんは朝起きて誰かに会ったら、何と言うだろうか。何にも言わない、という人もいるのではないだろうか。また「おはよう」と言われても、返事をしない方もいるのではないかと思われる。言語学的には、それは愛想が悪いとか内気で口べたといった個人の性格に理由があるのではなく、地域の言語習慣に理由があり、それが反映されたものかも知れない、と考えることもある。だから、国内の人だけでなく、国外の人に関しても、挨拶をする、しないといった事柄を根拠に、すぐに人を判断しないほうがいいのかも知れない。

始まりは「ん」、終わりも「ん」

琉球古典音楽や沖縄各地の民謡には、主に新聞社が主催するコンクールがある。ただコンクールと言っても、書道やそろばん、武道のように級や段を認定するシステムに近い。私はずいぶん前から安富祖《あふそ》流に属し、三線と笛を習っている。その琉球古典音楽のコンクールには、新人賞、優秀賞、最高賞とあるが、新人賞の課題曲には、「伊野波節《にゅふぁぶし》」や「稲まづん《んにまじん》節」が使われ、どちらかを選択することが慣例となっている。前者の歌詞は「伊野波の石こびれ無蔵つれてのぼる《にゅふぁぬいしくびりんぞちりてぃぬぶる》 にやへも石こびれ遠さ《にゃふぃんいしくびりとぅさ》はあらな」となっているが、比較的長い曲なのでコンクールでは「無蔵つれてのぼる」から歌うことになっている。この「無蔵」の発音が「んぞ」である。

琉球語には「ん」で始まる単語がある。日本語の標準語では「ん」で始まる言葉がないので、「しりとり」がゲームとして成り立つのだが、琉球語は理屈上、「しりとり」は終わりが見えない。

では「ん」から始まる言葉にはどのようなものがあるのか。主にマ行音[m]やナ行音[n]に由来するものと、母音に由来するものに大別される。まず前者のマ行やナ行由来の語には以下のようなものがある。

・胸 mune（んに）
・昔 mukashi（んかし）
・孫 mago（んまが）
・味噌 miso（んそ）
・無蔵 muzoo（んぞ）
・苦菜 nigana（んじゃな）

後者の母音に由来するものは、先頭の母音の後ろに鼻音子音や濁音の子音が続くことが多い。

・稲（ine→んに）
・重さ（omosa→んぶさ）　芋（imo→んむ）

ではこうした「ん」で始まる言葉はいつ頃から琉球語にあったのだろうか。琉球語を記した歴史的な資料にもこの語頭の「ん」を写し取ったと思われる箇所がある。『中山伝信録』では、次のように〝唔〟という漢字を使って「ん」の発音を表している。

・胸：唔尼　ンニ
・重：唔卜煞　ンブサ
・擔桶：唔格　ンケ

こうした語が記述されたことは、数多くの偶然が重なっている。一つはこの語を記述に関与した人の中国語は、呉語《ごご》という現在の蘇州がある地域の言葉で、琉球語の語頭の「ん」を聞き分ける言語的素養を持っていたことが挙げられる。そして、記述の項目に右に挙げた単語が存在したことも大きい。さらにこうした資料が現代まで伝わり、それを見逃さなかった私のような研究者がいたことも無関係ではない。

次に「ん」で終わる単語の話をしよう。日本語や琉球語の単語で「ん」で終わるもののほとんどは、漢語やヨーロッパの言葉に由来する。「みかん」は「蜜柑」という漢語であり、「レモン」はlemonという英語から借用している。和語で「ん」で終わるものは、あまりない。標準語では「ん」で始まる語がないように、日本語にとって「ん」で終わる単語はとても特殊な音である。

以前、私は琉球語のなかにある漢語語彙、それも中国から直接入ったと思われるものがどれかを特定するための作業をした。琉球における漢語語彙といっても、中国から日本を経由して琉球にもたらされたものが大半を占める。なぜそれが分かるかといえば、日本語の音読みと琉球語の読み方が規則的に対応するからである。本土の日本語がいったん中国語を受け入れ、日本語的に変化した中国語を琉球語がさらに受け入れたため、その過程でうまれた「日本語の刻印」が琉球語に観られるのである。

例えば〝清明〟は現代中国語では「チンミン」qingmingと発音され、〝清〟も〝明〟も「ン」[ŋ]の発音で終わる。だがこれが日本語に取り入れられる過程で、日本語で発音しやすいように変化し、最終的に「ン」[ŋ]は「イ」[i]に置き換わってしまった。「チンミン」が「セイメイ」となったのは、日本語で発音しやすいように変化したためである。その後、琉球では〝清明〟の日本語の発音である「セイメイ」を受け入れ、「シーミー」と発音するようになった。私が琉球語のなかに観る「日本語の刻印」は、こうした日本語と琉球語の対応を指している。

そして、今の日本語のなかの漢語で「ン」で終わるものは、元の中国語で「ン」[n]で終わるものである。〝金〟jīn、〝村〟cūn、〝観〟guān、〝算〟suàn といった漢字はいずれも中国語の発音では「ン」[n]で終わり、これらは規則的に日本語では「キン」、「ソン」、「カン」、「サン」と「ン」で終わる。これらは琉球語に受け入れられた後も、やはり同様に「ン」で終わるよう発音されている。

こうしたことをふまえ、琉球語のなかの漢語がどのような由来をもっているか、また中国から直接伝えられた漢語を探す作業は、中国語と日本語と琉球語の発音を比較して、対応関係にズレがあるものを探すことになる。その一つが、語尾が「ン」で終わるもので、かつ中国語では[ŋ]（現代中国語の標準語でng）で終わるものである。つまり、中国語でng[ŋ]で終われば、日本漢字音では「イ」[i]や「ウ」[u]で終わり、その日本漢字音を琉球語が受け入れたら、やはりその発音の語尾が「イ」[i]や「ウ」[u]で終わるはずである。しかし、中国語でng[ŋ]で終わり、かつ琉球語で「ン」で終わっている漢語があれば、それは日本語を経由していない可能性があるからである。

こうした中－日－琉の対応関係にズレがあるものを探した結果、割に多くの単語が集まった。だが、その多くの用例は、中国から伝えられたことが疑わしいものが多かったのである。

例えば、琉球古典音楽の楽譜を「工工四」という。これは東アジア地域で広く使われる「工尺譜《こうせきふ》」の流れをくむものである。日本に伝わった中国の音楽は明清楽《みんしんがく》と言われ、日本においても工尺譜は使われていた。この工尺譜は沖縄の工工四と同様に、漢字で音階を表現している。明清楽でのこれらの漢字の読み方は以下のようになっている。

合（ホー）、四（スィ）、一（イー）、上（ジャン）、尺（チヱ）、工（コン）、凡（ハン）、六（リウ）、五（ウー）、乙（イー）

「工」はコンと読まれる。「コン」を琉球語の発音になると「クン」になる、「四」の「スイ」も琉球語でよむと「シー」となる。ひょっとすると、工工四を「クンクンシー」と読むのは、こうした長崎などから経由した発音が反映されたものかも知れない。

よって、やや例外的な読み方の由来は、これまで考えられていた以上に、多様な由来をもつのかも知れない。

ここまで、琉球語には「ん」で始まる単語があること、そして「ん」でおわる単語があることを述べてきた。では、「ん」で始まり、「ん」で終わるという一語の単語はあるのだろうか？　管見にして私はまだ見つけられていない。

第二部　方言札をはく

琉球語の移り変わり

ハイパーコレクション（過剰修正）と『おもろさうし』

沖縄の言語学者・金城朝永氏に「大和ゴキの話」という一文がある。これは『月刊琉球』一巻一号（一九三七年五月）に掲載されたもので、興味深いエピソードが記されている。以下に引用してみよう。

「沖縄で，日本語のことをヤマトグチ（大和口）といっているが，グチでは日本語らしく響かぬと思い違いして，ヤマトゴキと言いなおした人が明治中期のいわゆる普通語奨励時代にいたそうである。またずっと以前に国頭郡から県会議員に選出された屋部憲勇さんという人が，県会かどこかの演説の席上で島尻《じり》郡のことを島ギリ郡と真面目な口調でやってのけたとの話を比嘉春潮さんから承った」

つまり「ヤマトグチ」と言えば正しいのに、「グ」を「ゴ」に、「チ」を「キ」に「標準語」風に発音してしまった結果、かえっておかしな発音になってしまった人がいたことを語っている。「島尻」も同様で、「シマジリ」と発音すれば正しいのに、わざわざ標準語らしく発音することを意識した結果、「シマギリ」とまちがってしまったということである。

こうした正しいのに間違っていると誤解し、標準語を基準にした類推を働かせて、正しくないものに変えてしまうことをハイパーコレクション（Hypercorrection）、つまり「過剰修正」とよぶ。

そのほかにも「ちねん（知念）」を「きねん」と言ってしまう、また「こい（鯉）」を「こり」と言ってしまうという例が紹介されている。特に後者は、首里の言葉ではｒの音がしばしば脱落することに原因がある。例えば「首里」の読み方については、「すい」という方言読みが標準語では「しゅり」になり、「鳥」も「とぅい」という方言読みの発音が標準語では「とり」に対応することから、そのパターンにならって「鯉」も方言読みで「こい」なら標準語では「こり」になるはずだと勘違いしてしまったということである。

冒頭の金城朝永の一文では、「幸喜（こうき）」という地名はもともとは「幸地（こうち）」の過剰修正から生まれ、また「喜納（きな）」も「知名（ちな）」の誤りから生まれたという説が唱えられている。

これは約百年前の話である。だが、現在でも同様の過剰修正はよく観られる。ベートーヴェン（Beethoven）を「ヴェートーヴェン」と書いてあるのを目にしたことがある。また日本語の文法において、「ら抜き」言葉が問題化されたときに、「ら抜き」を避ける意識が過剰に働いたために、わざわざ「滑れる」を「滑られる」にしてしまうことがあった。これは「ら足し」言葉と言われる過剰修正の一つである。また「れ足し」言葉もあり、「直せる」「行ける」「勝てる」と言えば正しいのに、誤って「直せれる」「行けれる」「勝てれる」と言ってしまうのも、過剰修正の一つである。これは「れ足す」と「レタス」が同音であることから「レタス言葉」とも言われる。

　このように百年前にも、現代にもある過剰修正だが、さらに昔にもあっただろうか。ここで私が想起するのは『おもろさうし』である。『おもろさうし』とは嘉靖十年（一五三一年）から天啓三年（一六二三年）にかけて首里王府によって編纂された歌謡集のことである。ここには一五五四首の歌謡がおさめられている。

　一五〇一年以降から現代までの琉球語の歴史においては、特に首里や那覇でオ段音が狭母音化してウ段音になり、エ段音が狭母音化してイ段音に変化する。現代の首里において短い母音が3母音になっているのは、こうした狭母音化の結果である。一方、その逆にウ段音なのにオ段音に変化したり、イ段音なのにエ段音になったりするという例はない。

だが『おもろさうし』には、もともとウ段音の音で、のちの時代にもウ段音の語が、なぜか広い母音のオ段音で表記される例がある。

次に挙げる表記は、最初に挙げるのが『おもろさうし』の表記で、↑の下に書かれるのが現代の表記である。最初の例で言えば、「おきしま」が『おもろさうし』の表記で、うきしま（浮島）が現代の表記である。

・おきしま↑うきしま（浮島）
・おまれて↑うまれて（生まれて）
・おるわし↑うるわし（麗し）
・おゑて↑うゑて（植えて）
・こだか↑くだか（久高）
・おやこに↑おやくに（親国）
・こち↑くち（口）
・よののし↑よのぬし（世の主）
・もすめ↑むすめ（娘）

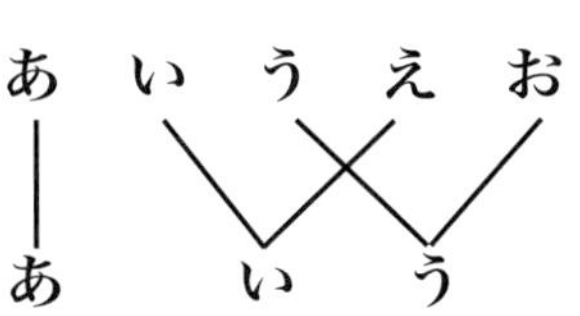

琉球語の狭母音化

・あよも↑あよむ（歩む）
・ようどれ↑ゆうどれ（夕凪れ）
・よわい事↑ゆわい事（祝い事）
・よろ↑よる（夜）

全ての例がこのように書かれているわけではないが、表記にばらつきが観られるのである。恐らく当時はすでにオ段音が狭母音化してウ段音に合流している途中段階か、かなり合流を果たしている状態だったと思われる。

実は右の例に観るようなウ段音がオ段音で記されるという状況は、「過剰修正」されたケースに実に似ている。『おもろさうし』などの仮名資料は、沖縄の書き手による資料である。そもそも今も昔も、普段話している言葉をそのまま文章に書きつけるという行為は非常にめずらしく、文章を書くということはふさわしい「文体」を意識するのが一般的である。文章を書くのは何年もかけて訓練をするもので、その過程でふさわしい文体が無意識に身につくことになるのである。これはどの文化圏でも普遍的に観られる現象である。『おもろさうし』の記録者が言葉を文字で記す際に、当然こうした「あるべき文体」への意識、つまり規範が存在した可能性がある。

一方、外国語資料、例えば中国語や英語、フランス語や朝鮮語で記された琉球語の資料には、こうした「過剰修正」を思わせる例は観られない。外国語で記された資料は、主に外国人が書いたものである。それゆえ琉球語の本来の表記はどうあるべきかという「規範」や「標準」を知らずに書き写している。つまり、「あるべき書き方」に寄せて書くことと自体ができないのである。これが逆に当時の発音を聞いたままを記すというメリットを生んでいる。

同じ琉球を記した資料においても、外国語資料と仮名資料はこうした点において一線を画すのである。この点は、『おもろさうし』の表記について考えるときに極めて重要な要素であると考える。

『おもろさうし』の表記には、二つの有力な学説がある。一つは当時のありのままの音声を写し取ったと考える学説と、そして、ありのままではなく、規範を意識した「類推的かなづかい」が用いられたという説である。どちらの説にも相応の根拠と説得力があり、両方が混在している可能性は十分にある。両方あったとしても、どちらがメインだったのだろうか。私は「類推的仮名づかい」をしようとしたが、それが完全に達成することができずに、当時の発音がそのまま記されたのではないかと考えている。それは、とりもなおさず外国資料にはウ段がオ段で表記されるといった例が管見の限り存在せず、ひとり『おもろさうし』にそうした例が多数見受けられるからである。

琉球古字について

いわゆる琉球古字というものがある。『琉球神道記』という書物に記載されているものである。明治十九年（一八八六年）に神谷由道が『東京人類学会報告』第九号にてこの文字について言及している。句読点は著者が加筆。

按スルニ、琉球神道記ニ昔此國天下人其文字ノ書ヲ半裂キテ天ニ上ル。故ニ其字少シトテ十干中ノ文字五字ト十二支ノ文字ト都合十七字ヲ記載シタル中ニ、(戌)(亥)ノ二字類似シタルモノアリ。右ニ因テ考フレバ、輪ノ中ノ文字ハ十二支ニシテノ字ヨリ右ニ廻リ讀ムオノナランカコハ疑ヒヲ存ス可キモノナリ。他日比較者ノ出ヅルヲ待テ更ニ考定スル所アラン。

その後、竹内健は十干・十二支ができる以前に古代中国にあった十二干という古い暦の名残ではないかという説をだしている。

さて、これらが何を示しているかはとりあえずおこう。ここでは文字と記号の違いについて、一般的な事柄を考えたい。

まず文字とはどんな存在なのか。典型的には、文字は言語を書き記すものである。言語を書き記すものであるから、体系性を有する。体系性とは、一定の原理に従い、個々の部分が相互に連関して全体としてまとまった機能を果たすもの、と言えばいいだろうか。そして、ローマ字のような表音文字であっても、漢字のような表語文字であっても、文字にはおおむね発音が対応する。

例えば甲骨文字には、事物の形や絵的なものから象形文字に進化したものがある。だが甲骨文は実際にはこれ以外の要素、つまり六書でいう指事文字、会意文字、形声文字などがあり、語順という文法規則に従って文字が配列されている。こうした点で、甲骨文字＝絵文字と考えるのは正しい理解とはいえない。実際に象形文字といっても、その形が何を示しているのか直感的に理解することが難しいものが多く、記号としての抽象度は極めて高い。学生に甲骨文字を見せて、現代のどの漢字に相当するか当てるゲームをすることがあるが、象形文字であっても、知らなければたいがい外れてしまう。

現代においては、文字と言えるか微妙な、文字と記号のあいだに位置するものがある。そうしたものをピクトグラム（pictogram）と言っている。これは街中でよくみる道路標識や地図に記される記号などがそれにあたる。「絵文字」といえばこちらの方がより近いと言えよう。

言語を体系的に記す「文字」を片方に、ピクトグラム「絵文字」をもう片方の極に置いた場合、ハートマーク♡や数学で使われるルート√などの各種記号は、その中間に位置するのかも知れない。♡や√は実際に文字に対応する発音もある。実際にハートマークや√などの記号が存在するため、どこまで「文字」と「記号」なのかとはっきりと線引きは難しい。

では、話を琉球古字に戻そう。「文字」の定義を、言語を記すものとした場合、この琉球古字が示すものは、言葉、ましてや琉球語を示しているものとは言いがたい。琉球にも独自文字があった。そう言えば、ロマンをかき立てるものがあるかもしれないが、言語研究者にしてみれば、それが言葉を記した文字であると断言することは難しい。どちらかと言えば、これらはピクトグラムに近いもので、実際に占いに使われたものであるなら、なおさら文字としての要素は薄いように思われる。

ちなみに『琉球神道記』の序文によれば、本書は万暦三十三年（一六〇五年）に完成し、慶安元年（一六四八年）に初版が開板されている。この時期にはすでに琉球で漢文や和文が使われている。当時の琉球の人々は、言語を記す手段をすでに得ており、自らの言語を記す全く違った記号を志向していたわけではないかも知れない。

漢文と日本、琉球

中学校や高等学校では、漢文訓読法を学ぶ。これは漢文を読む際にレ点や一二点など返り点を文の脇に小書きにして読む方法である。語順の異なる中国語を日本語の語順に合うように入れ替えて、視線を上下に移動させて読むという日本古来の読み方である。この方法はかつて日本独特のものとされているが、今では朝鮮半島から伝わったという説が有力である。それは朝鮮半島で使われる文献にその痕跡が観られるからで、『漢文と東アジア訓読の文化圏』（金文京　岩波文庫）に分かりやすく解説している。

日本では漢文をどのように読むかというのは学問文化を反映する。例えば歴史や思想分野では漢文は高等学校で学ぶように訓読する。一方、中国語学・中国文学においては現代の中国人がするように現代中国語で頭から音読する。

つまり『論語』のなかで二度にわたってでてくる〝己所不欲、勿施於人〟という一節（顔淵二、衛霊公二十三）を訓読すれば以下のようになる。

「おのれの欲っせざるところ、人に施ほどこすなかれ」

中国語音で音読すれば、 Jī suǒ bù yù, wù shī yú rén となる。

つまり同じ日本でも学問文化によって読み方が異なるのである。この現象は、かつての沖縄にも観られた。つまり、首里・那覇系の人は、現代の歴史・哲学の人々がするように漢文を訓読し、久米村系の人は、現代の語学・文学の人々がするように音読をしていた。

さて、ここで訓読の話に入る。『論語』などを読むと〝子曰～〟、〝貢曰～〟といったように、「だれだれが～と言った」というパターンが数多くでてくる。〝曰〟には「いわく」と「のたまわく」という二種類の訓読方法があり、今の高校では「いわく」で読む方法が採用されているようだが、「のたまわく」の言い方も現に存在し、一体どちらで読めばいいのか迷うところである。

この疑問に一つのヒントを与えてくれる本がある。それは『かながきろんご』という本で、『論語』の読み下し文をひらがなで書いた書物である。もとは室町中期のものとされ川瀬一馬編『安田文庫叢刊』第一篇（一九三五）に読み下し文と原文を対照させたたものがおさめられている。この資料には、孔子が言った言葉の「曰く」は尊敬語の「のたふまく」、つまり今でいう「のたまわく」を使い、顔淵や子貢など孔子の弟子の言ったことを示す「曰く」は「いはく」、つまり「いわく」と表記している。これはもちろん孔子に敬意を示しての書き分けである。もともと漢文の〝曰〟には、目上から目下、目下から目上への使い分けは存在しない。だがこの語が日本語に読み下されるときに、日本語の敬語が反映され、孔子の言葉の場合は「のたまわく」、孔子の弟子の発言は「いわく」という形に書き分けられたのである。原文ではいずれも〝曰〟である。だが、室町時代の人は目上でも目下でも同じ表現を使うことに抵抗があったのかも知れない。

琉球でも漢文の訓読が行われていたことは先に述べたが、琉球の資料では〝曰〟の読み方はどうなっているだろう。『琉球訳』（一八〇〇年）には〝云曰〟の発音を〝以瓦古〟と表記し、「イワク」と読むように指示している。「のたまわく」の発音は記されていない。またその後のベッテルハイムは『英琉字書』（一八五一年）においてもやはり、〝曰〟をivakuと表記している。つまりこれらには敬語を反映させない方法がとられている。

話はそれるが、このベッテルハイムの表記ではivakuと[v]の音で書き記していることに着目していただきたい。ここから当時の琉球語の「イワク」の「ワ」は円唇性が強く、「イヴァク」に近かったかもしれない。国際音声記号（IPA）で書くと[β]であったと推測される。この例からベッテルハイムの音に対する感覚は相当に鋭敏だったと推測されるが、当時は「音韻論」という考えがまだ学問上、登場していなかったため、音声を解釈せずに素直に聴いたままを写し取ったともいえる。

さて、みなさんは高校のとき、漢文を読むときにどうしてあんな古めかしい言葉遣いで訓読するのだろうかと疑問を抱かなかっただろうか。しかし、これも現代という時代が、確かに歴史の流れを受け継いでいることの証でもあるのである。

現代では書店で嫌中の本も並び、私大の入試科目で漢文が外される事態になっているが、私は東アジア世界において日本ほど中国文化を重要視している地域はないと感じている。それは東アジアにおいて、古典中国語たる漢文を学校教育のプログラムに組み込み、大学受験の科目の一部にしているのは日本だけだからである。また日本がこれほどまでに漢文にこだわるのは、中国文化を知るためだけではない。『古事記』や『日本書紀』という日本の歴史を知るための重要文献が漢文で書かれ、漢文が読めなければ日本人は自国の歴史さえもひもとけないからである。それは琉球史の解明においても『歴代宝案』など漢文資料が欠かせないことも同じである。こういう意味で漢文の重要性はもっと知られてよいと思われる。

「あなた」について

日本語の二人称代名詞には「あなた」、「そちら」、「おまえ」などがある。漢字で示すと「貴方(彼方)」、「其方」、「御前」となり、もともとは方向を表す言葉である点が共通している。高貴な方に用いる「陛下」、「殿下」、「閣下」も、この言葉のなかに「陛」、「殿」、「閣」というもともとは建物や建物の一部であった言葉が含まれている。「あなた」の意味で使う「おたく」も、「宅」が「家」を表すように、日本語の二人称代名詞は方向や場所を示す言葉が「あなた」の意味に転用されることが多い。

また、もとは一人称代名詞の「わたし」を二人称代名詞の「あなた」に転用する例もある。「てまえ、てめえ(手前)」、「おのれ(己)」、「われ(我)」は歴史的に自分を指したが、今では相手を指して、おどすような場面で用いられる。関西で「なめとんのか、われ」など脅すときの「われ」は、もとは「わたし」を指していたものである。また「ご自身」も実際は「あなた」を指すこともある。「ゴミはご自身で持ち帰って下さい」というときがそうである。

このように日本語ではもともと場所や方向を指した言葉や自分自身を示す言葉を使って、相手を直接的に指すことを避けているように見える。そのためか私は人を「あなた」と呼ぶのにためらいを覚える。やはり人を呼ぶときは「先生」、「店員さん」など社会的な役職や、「赤嶺さん」、「友寄さん」など名前で呼ばないと失礼にあたるのではないかと不安になる。

その点、中国語は楽である。基本的に相手への呼びかけに敬称をつけない、つまり呼び捨てにするし、全て「あなた」に相当する〝你〟ですむからである。

では沖縄で「あなた」はどう言うか。「うんじゅ」や「なー」、目下や親しい人には「やー」を使うと辞書にある。首里では目上には「うんじゅ」、目下には「やー」を使うと辞書にある。だが、実際は日本語と同様にこうした二人称代名詞の使用は避けるようである。また「うんじゅ」は「あなた」であると同時に「ご自身」という言葉でもある。

「なー」は古語の「汝《な》」にさかのぼる。また「やー」は「屋《やー》」と同じ発音である。「あなた」を表す「やー」は「家」という場所を表す言葉が二人称代名詞に転用したものと思われる。私が琉球語と日本語がつながっていると感じるのは、「東風《こち》」などの古語の残留があるというだけでなく、場所を二人称代名詞に転用するといった、言葉を応用する「発想の共通性」にある。

沖縄では、子供や学生が、友達のことを「おまえ」と呼んでいることをよく耳にする。これは男子だけかと思いきや、小さな女の子や女子学生なども「おまえ」をよく使っているようである。これをはたで耳にすると内心、緊張が走る。だがこの女の子の「おまえ」はけんか腰ということではないらしく、むしろ親しい間だからこそ使える呼び方のようである。

彼と彼女はアレから来ている

沖縄の方、特に年配の方とお話をしていると、「彼女」というべきところを「彼《かれ》」と言い間違う場面にたびたび遭遇する。最初は単なる言い間違いと思っていたが、あまりに多いので何らかの原因があるのではないかと考えるようになった。もちろん原因には加齢などが考えられるが、ここでは言語的な理由を考えてみたい。

現代人にとって、「彼」と「彼女」の区別が言葉のうえで存在していることは、実に当たり前のことである。だが日本語の歴史をひもとけば、三人称代名詞の「彼」や「彼女」を区別するというのは、かなり新しい言語行動であることが分かる。つまり、かつてこの両者は今ほど明確には分けられていなかったのである。

日本語の歴史で、女と男で三人称代名詞が使い分けられていないことによる問題が浮上したのは、ヨーロッパの言葉を日本語に翻訳しようとした近代である。つまり、「彼」や「彼女」といった使い分けがない、あるいはそうした使い分けが一般的ではなかった当時の日本語では、英語の he や she をどのような日本語で言い分けるか困ったらしい。今にしてみれば、なぜそんなことに困るのか、それ自体不思議に思うだろう。だが、それほど言葉は現代人の想像を超えて変化するのである。

近代の日本各地の方言においても「彼」や「彼女」の使い分けは一般的ではなかったと思われる。では、琉球語の場合、どうだったのだろうか。バジル・ホール・チェンバレンのEssay in Aid of a Grammar and Dictionary of the Luchun Language のp.46 55. に、琉球語の三人称について以下のように書かれている。

What European grammarians call the〝Third Person〟has no special words to represent it. Generally left unexpressed, it may occasionally be represented by such approximate equivalents as ari,〝that〟; anu tchu, that person,〝he〟,〝she〟;〝anu winagu〟,〝that woman〟 See also the observations on honorifies in ∽183

（ヨーロッパの文法家が「三人称」とよぶものについては、それを表す特別な単語がない。一般的には表現しないままでいるか、場合によってはおおよそthatを表す「あり」で表現される。また〝he〟は「あの人」をあらわす「あぬちゅ」、〝she〟は〝that woman〟を表す「あぬぅぃなぐ」と表現される。

つまり、十九世紀末の琉球語は、「彼」や「彼女」という代名詞はなく、言語表現でこのように言うことは一般的ではなかったと考えられる。現在、琉球語で使われる「彼」や「彼女」という言葉は、近代以降に日本語で作られた語を借用したものと言えよう。

このことを踏まえれば、沖縄の年配の方がよく「彼女」と言うところを「彼」と言い間違う理由が、単に加齢で耄碌《もうろく》して、「彼」と「彼女」の区別などどうでもいいと思っているから、という個人的な理由だけからではない気がしないだろうか。

ちなみに中国語においても、三人称はもともと「それ」といった無生物を表していた語を、人称に転用した。よって現代中国語の標準語はもとより、多くの方言において「彼」、「彼女」、「それ」が全く同じ発音である地域が殆どである。北方方言では〝他〟[ta]という発音で、上海や福建では〝伊〟[i]という語で表現する。これらがどのような発音で言うかは方言ごとに異なるが、「彼、彼女、それ」を同じ発音で表現することは共通している。

さて現代の日本語において、「彼」や「彼女」という言葉は、三人称代名詞として用いられるだけではない。これは特定の恋人を表す語としても用いられている。「彼がいる」、

「彼女がいない」といえば、「彼」、「彼女」は特定の相手を表している。

琉球語では「女子」を「うぃなぐ」、「男子」を「うぃきが」というが、これも特定の恋人を指すために用いられているようである。標準語になおすと「俺の女」、「私の男」という意味である。だが現代の沖縄において、「うぃなぐ」や「うぃきが」を恋人の意味で使っている人は、若年層ならヤンキーに限られるようである。つまりこの言葉は社会方言化していると言える。

一方、かなり方言が使える年配の方でも、「彼氏」や「彼女」をこう表現するとは限らないようである。年配の方に「彼氏」を「うぃきが」、「彼女」を「うぃなぐ」と言いますか？　とたずねても、それは使わないという。ましてや恋人の目の前で「わんぬ うぃなぐやさ」などと紹介するなどは（あとが怖くて？）できないらしく、こうした表現は主に男友達の間で使われる。日本語においても、「こいつ、オレのオンナ」などと友達に紹介されたら、彼女は不愉快になるに違いない。それと似ている。

話を戻そう。では、なぜ現代のヤンキーがわざわざ「彼氏」や「彼女」を「うぃなぐ」や「うぃきが」と表現するのだろうか。これは、正直なところ分からない。方言を使って表現することは、虚勢を張るのに有効であることの証左かも知れない。だが一方で、奥さんのことを琉球語では「とぅじ」と言うが、これは特に下品な言葉ではないらしく、奥様の前でも萎縮することなく使えるそうである。

だが現象として、沖縄ではヤンキーが好んで方言を使っている傾向はある。『しまくとぅばの課外授業』でも、ヤンキー女子がクラスメイトに方言を使わせないよう圧力をかける事例を紹介しているが、これに通じるものがある。これは言語現象・社会現象として極めて極めて興味深い。

「妻」、「とぅじ」、そして「嫁」

友人と話をしていて、話題が男性の友人の配偶者に及ぶと、いつもどう呼べばいいか、とまどう。通常は「奥様」、「奥さん」を使う。または夫と妻の姓が何らかの理由で異なる場合は、苗字を使って「大城さん」などと言うことがある。これは事実婚で別姓にしていたり、一方が韓国人や中国人だったりする場合にこのように呼ぶことが多い（中国や韓国では結婚後も姓を変えない）。また下の名前で「きょうこさん」などと言うこともあるが、それはめったにない。どことなくなれなれしい感じがするからである。人によっては、自分の配偶者を他人が下の名前で呼ぶことを快く思わない人もいるかも知れない。また最近は「奥様」、「奥さん」という表現も、その字面の意味に忠実で、意識の高い方から敬遠されることがあり、安心して使える状況ではなくなっている。私は女性が家の「奥」にいるべきだという価値観を持っているわけではないが、人によってはこの呼び方自体を古い価値観のあらわれと考える人がいる。

では、友人の配偶者をどう呼ぶのが適切なのだろう。これには自分が、友人の配偶者の名前を知っているかどうか、親しいかどうかといった様々な要素が関わってくるので、案外、難しい。日本語ネイティブではない人や、外国語を話す方にとっては、悩みどころであろう。

もう一つ難しいと思う理由がある。それは「妻」、「女房」、「嫁」のように、夫が妻を呼ぶときには使えるが、他人が呼ぶときには使えないというケースがあるからである。例えば、私が友人に対し、友人の奥様を評して「*あなたの女房はセンスがいいですね」などと言うのは、明らかに不自然である。「*あなたの妻は料理がうまいですか？」と聞くのもやはり言語習慣として違和感がある。友人の奥さんのことを「妻」とは言わないからである。ただ「妻」や「女房」については、友人をけなしたり、その友人がいない場合には使うことがある。「あいつは女房の尻に敷かれている」、「おまえは妻のいいなりだ」といった感じである。また「嫁さんをもらってからつきあいが悪くなった」という言い方もあるが、ただこれも比較的特定の文脈に限られるかも知れない。

こうした夫が妻を呼ぶときと、他人が他人の配偶者を呼ぶときに使い分けがあるのは、中国語でも同様である。会話のなかで自分の妻に言及するときは〝妻子〟、〝愛人〟、〝内人〟、〝老婆〟を使うが、他人の奥様の場合は〝太太〟や〝夫人〟を使う。

では、琉球語ではどぅ言えばいいのだろうか。『沖縄語辞典　那覇方言を中心に』の「とぅじ」の項目をひくと、【とじ（刀自）】「妻。～トゥメーイン〈妻をめとる〉」とある。

一七一一年『混効験集』や一七六四年『琉球入学見聞録』では「妻」に対して〝吐止〟「とじ」という発音を示す漢字が当てられており、少なくともこの頃からこの言い方があったことが分かる。そして『沖縄古語辞典』には、『万葉集』に「とじ」という言葉があることや、沖縄の「とぅじ」は「妻」の意味であると指摘されている。

さて、この「とぅじ」は、日本語の「妻」と同じように使えるのだろうか？　それをここから考えてみたい。例えば、夫が自分の妻を「とぅじ」と言うときはどうだろう。これは何も問題なく、「とぅじ」は使えるであろう。実際に沖縄で生活していればよく耳にするし、多くの人も問題ないことを認める。では他人が、友人の奥さんのことを「とぅじ」と言うことはできるのだろうか？　そこで「あなたの奥さんは元気ですか？」というのをどのように言うか、那覇出身の六十代の方におたずねしたら、「やーとぅじ、元気やみ？」という表現を使うそうである。丁寧に言うときは、「うんじゅとぅじ」と言うようである。

こうして場面によって使えるかどうかを訊いてみた結果が以下である。

自分の妻に対して呼びかけるとき：「*おーい、とぅじ」は言えない
友人の奥様に対して呼びかけるとき：「*んだ、とぅじ」は言えない
自分の妻に言及するとき：「とぅじ」は言える
友人の奥様に言及するとき：「とぅじ」は言える

ただ友人の奥様のことを「とぅじ」ということに違和感をもつ方も多く、この質問をしたときは、反射的に「言わない」と答える方も多い。また先に挙げた「妻の尻に敷かれる」、「糟糠の妻」の、「妻」の部分を「*とぅじの尻に敷かれる」、「*糟糠のとぅじ」とは言わないようである。

では逆に、「夫」の方はどう言うのだろうか。琉球語において「妻」が「夫」のことを指す表現は「うぅとぅ」という。これも用法としては「とぅじ」と同じように、呼びかけには使えない。だが「とぅじ」が年配世代から人によっては二十代の若年世代の幅広い世代でも使われるのに対し、「うぅとぅ」に関しては六十代以上の女性は使うが、それより下の世代は標準語の「旦那」や「主人」などを使うようになっている。これもやはり方言の使用において、男女で違いが観察される語である。男性より女性の方が標準語への切り

替えが早いことが確認できる言葉である。

また現代日本語では、自分の奥さんのことを「嫁《よめ》」や「嫁さん」という人がいる。「夏休みは嫁の実家に遊びに行く」と聞けば、その場合の「嫁」は発言者である夫の配偶者であることが分かる。ただ日本語の「嫁」は二つの意味があり、親が息子の配偶者を指す場合も、「嫁」という。つまり「嫁」には「自分の配偶者」と「息子の配偶者」の二つの可能性がある。

沖縄でも「嫁」に由来する「ユミ」という言い方がある。首里や那覇の方言を記述した各種の辞書には、「ユミ」の項目に「嫁。息子の嫁。」としか書いていない。だが、沖縄の六十歳以上の方にたずねると、「ユミ」と言えば、自分の配偶者（とぅじ）を指すことはなく、例外なく「息子の配偶者」しか指さないと答える。日本の古語においても、「嫁」は「息子と結婚してその家の一員となった女性。息子の妻」という意味だけであり、自分の配偶者を「嫁」というのは比較的新しい用法であるといえる。

こうした意味がカバーする範囲においても、琉球語は古語と共通の要素が見いだせることがある。

名も知らぬ少女・少年たちの言葉

まだ拝眉の栄を得ないが、琉球大学教育学部に上間陽子先生がいらっしゃる。先生は二〇一七年『裸足で逃げる　沖縄の夜の少女たち』（太田出版）という本を上梓なさった。評判になっていたので、沖縄で一番品揃えの多い書店に行ったが、売り切れだった。翌日には出張を予定していたので、仕方なく電子書籍版をダウンロードし、東京行きの機内で読んだ。

涙が止まらなかった。飛行機の中だったので、本当に困った。乗務員の方が心配そうに私の顔を覗き込むほどであった。

沖縄に二〇年住んでいたのに、本のなかには全く見えていなかった世界が広がっていた。私は女性が接待をして酒を飲む店や、性的サービスを提供する場所には足を運ばないせいもあるかもしれない。また仕事にせよ、プライベートにせよ、交友範囲が限定的なこともあるだろう。助け合いの意味をもつ「ゆいまーる」。その言葉から排除された世界を垣間見て衝撃を受けた。人権や男女平等という言葉は、過酷な状況にいる人にとっては、単なる絵空事にしか映っていないのではないか。読後にはそんな無力感だけが残った。大学という場で使われる「暴力」は抽象的な意味でしか使われておらず、その一方で殴る、蹴るといった本当の暴力は現実の生活を破壊しており、しかも私が生きている場所のすぐ近くで起こっていた。

意外というべきか、これとは別に新鮮な驚きがあった。この本は上間先生がインタビューをした録音から文字起こしされている部分を含むが、その部分には若い人たちが話す、リアルな言葉が反映されていた。私はこのなかで沖縄独特の言い回しや、全く知らなかった言葉に出会う。例えば以下のようなやりとりである（著書で意味を補った部分は、削除している）。

和樹が稼いだお金は、和樹が自分のお金として貯金しているってこと？
「うーん、ふたりの貯金ではあって。自分に自練通わすためとか、アパート借りるってだったけど、そこまで貯まらなくて。」

「自練」とは自動車教習所のことだが、これは沖縄的な言い方である（ちなみに東京、福岡、岐阜、大分では「車校」、岩手、福島では「自車校」、新潟、宮城では「車学」、北海道では「自学」、岡山では「教習」という）。さらに、「自分に自練通わす」という箇所は、標準語なら「自分が自練に通う」あるいは「自分を自練に通わせる」というところだが、ここでは使役表現が使われている。こうした標準語では使わないところに使役表現がよく使われる点も、沖縄の言い回しを表している。これは、この表現が、正しい／間違っているということではない。これが現に使われている生きた言い回しなのである。

もうひとつ引用しよう。女性が恋人や夫から顔の原型をとどめないほど殴られるといった暴力を受けている事例を述べたくだりである。

ねえねえはなんて？

「ねえねえは、「離婚しれ」って、ずっと。ひいてました。「ここまでするか？」女に。顔をするってことは、飲み屋で働けんようにするっていう？

「うん。でも、働かないと。働けないじゃないですか。一週間や一ヶ月は休んで。働かなかったら、「お金ない」みたいな。「は？　どっちよ」みたいな。「おまえがなぐったからだろ」って。」

命令形の「離婚しれ」の「～しれ」は、「早くしれ！」、「ゆっくり食べれ！」という形式でよく使われる。強い抗議の意思を疑問形で表現する「どっちよ」は、標準語なら「どういうわけ？」というところであろう。

おそらくこんな読まれ方をするとは、著者ご自身も意図していなかったに違いない。

近年、クラウド・ファンディングといって、ある企画を提示してその制作のための資金を募るサービスがある。そのなかで、沖縄の建築業などに従事する人々を研究している打越正行さんという方が本を出版するというので、私もサポーターとして参加した。この企画で出版される本は『地元を生きる――沖縄のヤンキーのエスノグラフィ』で、二〇一八年に出される。

サポーターには著者から草稿の一部が送られてくるが、そうしたものを読むとやはり私が普段から付き合いのある大学生とは全く異なる言葉が使われていることが分かる。文字起こしは忠実に行われており、男子の方が女子よりも、方言語彙の使用は多いようである。打越氏は、沖縄のヤンキーの言語社会学で論文を出される予定のようで、詳細はそれを待ちたい。

先日、ニューヨークを闊歩《かっぽ》する人々のファッションを撮り続けた写真家のドキュメンタリー『ビル・カニンガム＆ニューヨーク』を観た。そのなかでカニンガム氏は、世界中から尊敬を集めるデザイナー・川久保玲を引き合いにだし、彼女が「最高の着こなしの女性はＮＹのホームレス」と発言したことに言及していた。

沖縄の若者が話す「しまくとぅば」は、間違っていて、汚く、恥ずかしい。そう思っている方も沖縄にはおられるかもしれない。だが私は、川久保玲氏が目を背けたくなるものに美を見出したように、上間、打越両氏のインタビューにでてくる少女や少年の言葉に、しまくとぅばの躍動を感じるのである。

「でーじ」の衰退が意味すること

物事の主観的に程度が高いことを言う表現に「でーじ」がある。「でーじ疲れた」、「でーじ美味い」といった表現は、私が沖縄に来た一九九七年当時は、学生のほとんどが使っていた。この「でーじ」は「大事」という漢語語彙に由来する。

「でーじ」に相当する本土方言は多様で、佐賀では「がばい」、広島では「ぶち」、北海道や新潟では「なまら」のように表現が大きく異なる。よって程度の高いことを表す方言地図を描くと、実に多彩な地図が描かれることになる。「でーじ」は沖縄特有の表現で、比較的よく使われる言葉のため、言語学者にとってはとても便利な指標になっており、「でーじ」を使っている人がいれば、その人は沖縄の人だと、すぐに判別できた。こうした語彙は「排他性の強い」、「識別力が高い」とも表現される。

しかしこの「でーじ」は二〇一七年の学生の言葉から、ほぼ消えている。琉球大学の沖縄出身の学生に「でーじ」を使うかどうか聞いてみると、ほとんど使わないと答える。

では「でーじ」に取って代わったのは何かといえば「めっちゃ」である。これは男女ともに使っている。「めっちゃ」はもともと大阪の表現だが、関西芸人の表現がテレビを通じて沖縄に定着し、「でーじ」を駆逐《くちく》してしまったのである。私はこうした沖縄独特の表現がまた一つ失われつつあることに切なさを感じたりもしているが、これは単なる失われたものへの追憶、つまりノスタルジーにすぎない。こうした感覚を抱くこと自体、時代と社会によってうみだされたものにすぎない。

それはともかく「でーじ」を使う学生も少数はいるので、その沖縄の女子学生（南風原出身）に「でーじ」を使うんだねと確認したことがあった。すると、すかさず意地悪な他の沖縄の男子学生（那覇出身）が「田舎だから」と言葉をはさんできた。そこで他の学生に「でーじ」という言葉や使っている人への印象をたずねた。すると「でーじ」は、年上の人が使っている、田舎の人が使っている、「でーじ」を使っていればヤンキーだと思うといった答えが返ってきた。学生たちは、「でーじ」は地元で使われている言葉であることを知ったうえで、「でーじ」ではなく「めっちゃ」を無意識に選び取っているのである。

だがこの「でーじ」ももうすこし上の世代、つまり六十代以上の人にはやや異なった使い方がされる。「でーじ」を「とても」という意味の副詞で使うことはほとんどないようである。そのかわり、例えば「でーじなとーん」といえば、「大変なことになった」という意味で、この「でーじ」は「大変なこと」という名詞である。つまり「でーじ」という言葉は「大事」という一般名詞（内容語＝自立語）から、「とても」という副詞（機能語＝付属語）に変化しているということになろう。こうした内容語から機能語、自立語から付属語へ言葉が変化することを「文法化」と言語学では言っている。

実際、『沖縄語辞典』では「でーじ」は名詞として「大変。大ごと。」とあり、以下の例文があった。

・デージ　ナユンドー（大ごとになるぞ）

形容詞の用法としては「デージナ。deezina。大変な。」とあり「な」が添えられている。この「でーじ」を「大ごと」として使っている世代は、「とても」に相当する言葉として「じこー」という副詞を使っている。

・じこーへーさん（とてもはやい）
・じこーまーさん（とても美味しい）

・じこーちゅらかーぎー（とても美しい顔だ）

ちなみにこの言葉を教えて下さったのは同僚の大学教授であったのだが、『沖縄語辞典』の「じこー」の項には「平民が多くいう語」と注記があった。

話を「でーじ」に戻すと、大雑把にいえば「じこー」↓「でーじ」↓「めっちゃ」と程度が高いことを言う表現が変化しているといえよう。ひとくちに「しまくとぅば」といっても、世代によって移り変わりがある。そして「でーじ」の意味合いは、より周辺的、より俗的になっていると言えよう。

「ひざまずき」と「正座」

沖縄において世代を通じて使われる方言語彙は何なのだろう。それは案外多くはないように思うが、年配者も若者も同じように使う言葉の一つに「ひざまずき」がある。

「ひざまずき」は沖縄の言葉で正座を意味する。一般に三線のお稽古は正座で行い、演奏会においても同様である。一度、授業のときに正座をしている姿の写真を学生にみせ、「この姿は「ひざまずき」ですか？「せいざ」ですか？」とたずねた。年齢層は十八歳、十九歳の沖縄生まれの沖縄育ちの学生である。

すると意外なことに約九割の学生が迷わず「ひざまずき」と答えた。「せいざ」と答えた人は実に少なかったのである。私は長い間、なぜこの「ひざまづき」という方言語彙が標準語に取って代わることなく若者にも使われ続けているのかが不思議でならなかった。

ある日、私は大学広報の仕事で沖縄県内の高校に出向いた。首里にある高校では体育館に生徒が集められていた。こちらが説明を始めるときに、高校の先生が床に座る生徒に対し「せいざ！」と言うと、生徒たちは居住まいを正した。その後、先生の「礼っ！」のかけ声とともに一礼をした。「せいざ！」と言われた生徒たちは、標準語でいう正座をしたわけではない。床にあぐらをかいたり、体育座り（体操座り、三角座り、安座）をしている状態から、心もち背筋を伸ばし、気持ちだけ頭を上げただけである。

　この瞬間に、多くの沖縄の大学生たちが正座をする写真をみて「ひざまづき」と答えたことの意味が少し見えた気がした。つまり沖縄の学校文化において、「せいざ」は居ずまいをただすという別の意味が与えられ、学校文化のなかでは標準語の「正座」を意味していないことが分かった。これは別の高校に行ったときも同様であった。先生が、椅子に座った生徒に向かって「せいざ！」と号令をかけ、生徒が背筋を伸ばしたときに「礼！」というかけ声をかける。その後に、教室の全生徒が一礼をしていた。つまり沖縄の「せいざ」は、立ってこそいないが、本土の言葉でいうところの「気をつけ」「きょうつけ」（地域によっては「注目」）と似た意味合いであった。

　沖縄において琉球語が標準語にシフトしていくなかで、方言語彙の「ひざまづき」が標準語の「せいざ」にシフトしなかったのはなぜか。それは「ひざまづき」と「せいざ」にそれぞれ異なる意味が棲《す》み分けされており、「せいざ」が「ひざまづき」に取って代わることができなかったからだと思われる。語彙の体系のうえで「せいざ」の場所に、沖縄独特の意味が「鎮座」していたといってよいだろうか。

つまり「ひざまづき」という方言語彙が若年層にも用いられている理由は、若者たちのうちなーぐちへの意識や心掛けということではなく、言葉の体系という一種のメカニズムの結果なのであろう。言葉の研究では、ある言葉が他の言葉とどのような意味の分担をしているのかをみるが、方言語彙が残る／残らないという分かれ目の一つに、こうした言語体系上の要因もあるのかも知れない。

方言札をはく

私は以前、沖縄の人によって「方言札」がどのように語られるのかを調べたことがある。そのとき、時々「あれ？」と思う表現に出くわすことがあった。例えば、近藤健一郎氏の一九九八年の研究には、前新正太郎さんの証言として、以下の話がでてくる。

「方言を廃止して標準語励行を徹底するため、方言を使うと直ちに方言札をはかされたり……」

方言札は首から「ぶら下げられる」、あるいは首に「かけられる」るものだと思っていたのに、方言札を「はかされる」という表現に私は違和感をもった。調べてみると、どうやら何らかのものを身につけることを沖縄では「はく」という言葉で表現するようである。標準語なら、「はく」と結びつくものは、「靴」や「靴下」、「パンツ」、「スカート」といったものになるだろう。これらはいずれも下半身に身につけるものである。

沖縄でも地域や世代によって異なるようであるが、「帽子をはく」、「メガネをはく」、「軍手をはく」、「Tシャツをはく」といった具合に、上半身に身につけるものであっても「はく」を使うようである。

このことを確認するために、一九八〇年代後半や九〇年代に沖縄で生まれ、沖縄で育った琉球大学の学生にたずねると、帽子やTシャツについては「はく」は使わないと言っていた。じゃあ何を使うの？　とたずねると「つける」を使うと答えてくれた。なんだか身につける系の動詞は「つける」が多いので、少し学生にたずねてみた。例えば、以下のような質問である。

普段使っているのはどちら？（　）のなかから選んで下さい。

1　帽子を（かぶる／つける／はく）
2　マスクを（つける／する）
3　軍手を（かぶる／つける／はめる／はく）
4　Tシャツを（かぶる／つける／きる／はく）

5　ベルトを（つける／する／はめる／まく／しめる）
6　パンツ（ズボン）を（はく／つける）
7　靴下を（はく／つける）

このように質問をすると、以下のようにおおむね標準語と同じように答える。

1　帽子をかぶる
2　マスクをする
3　軍手をつける
4　Tシャツをきる
5　ベルトをする
6　パンツ（ズボン）をはく
7　靴下をはく

そこで質問を変えてみた。例文の動詞を全部「つける」にして、学生たちに言ってみる。

そして学生がこれらの表現を耳にして違和感があるかをたずねたのである。

1「あの帽子をつけてる人が彼氏だって」
2「今日は風邪でマスクをつけてる」
3「学園祭当日はみんなおそろいのTシャツをつけよう」
4「あそこに変なズボンをつけている人がいる」
5「今日はスカートつけてるね。何かあったの？」
6「今日は違う靴下つけてきてしまった」

このように例文を提示すると、沖縄育ちの学生はほぼ「違和感がない」と答える。本土の学生は、「そんなふうには言わない」、「おかしい」、「違和感がある」というので、やはり沖縄で身につける行為やその状態全般を「つける」と表現しているのであろう。なかには、本人たちは標準語だと思っているものもあり、「えー？　標準語じゃないの？」と驚かれることも少なくない。

沖縄の言葉が標準語に「正しく」シフトしているなら、「帽子をはく」から「帽子をかぶる」、「メガネをはく」から「メガネをかける」となっていそうなものである。だが、なぜか「つける」という形にシフトしている状況もある。もちろん、標準語的な言い回しをする者もいるのだが、確実に「ズボンをつける」、「靴下をつける」という言葉は市民権を得ているのである。

沖縄で起こっているこうした言葉の変化は、標準語化、琉球語の消滅という言葉でひとまとめにすることができない。これを標準語への「抵抗」とか同化への「拒絶」であるとか解釈する向きもあるかもしれないが、それはうがちすぎだろう。誰もそんなポリシーをもって日常の言葉を使っているわけではないし、「靴下をつける」という表現で「抵抗」を示しているとするには無理がありすぎる。ただ「つける」がどこから出てきたのだろうか。不思議に思う次第である。

「むいくばな」について

安冨祖流、野村流など琉球古典音楽の各種団体からは、琉球音楽の楽譜である工工四《くんくんしー》がテキストとして出版されている。安冨祖流には工工四部会という委員会があり、ここでは琉球古典音楽の歌詞や三線の勘所《かんどころ》を示す楽譜、そして歌のメロディを示す声楽譜などがきちんと書かれているかを検討している。野村流の各団体は工工四が充実しており、声楽譜もことこまかに記述されているが、安冨祖流は全ての声楽譜が公的に出版されておらず、宮里春行氏などの先学の音源を使って、声楽譜の記述を行っている。

　私は安冨祖流の工工四部会にお邪魔して、作業の様子を見学していたのであるが、あるとき、ふと疑問に浮かんだことがある。それは「昔嘉手久節《んかしかでぃくぶし》」という歌の声楽譜を確認していたときである。この歌詞は以下のようになっている。（　）内の歌詞は、実際に歌われる発音を示す。

もいこ花こばな　物も言やぬばかり　露に打ち向かて笑て咲きゆさ

（ムイクバナクバナ　ムヌンイヤンバカキ　チユニウチンカティワラティサチュサ）

原文には「もいこ花」と表記されており、花の一種なのだろうが、何の花を表しているのか分からなかった。実際に歌われる発音は「ムイクバナ」となっていたため、『沖縄語辞典』をひくと、以下のように書かれていた。

「まつり（ムイクヮ muikwa）の花。芳香高く、茶に入れて賞味する。」

ここでいう「まつり」とは漢字に置き換えると「茉莉」だろう。「茉莉」とはつまり「ジャスミン」である。沖縄のさんぴん茶は、まさにジャスミンで香りを付けた花である。八重山の黒島出身の笛の師匠は、小さい頃に、緑茶にジャスミンの花を入れていたとおっしゃっていた。ひょっとすると沖縄のさんぴん茶は、お茶の製造段階から香りを付けていたのではなく、お茶を煎れたあと、生のジャスミンを茶のなかに入れたものなのかも知れない。

では、工工四の教本にある「もいこ花」という表記は何なのだろうか？　野村流の工工四の教本でも「もいこはな」の表記で書かれ、『琉歌全集』も同様なので表記として「もいこ」が継承されたのだろうが、和語には「もいこ」あるいは「もいこばな」なる言葉があるとは管見にして知らない。

ひょっとすると琉球語の口語でジャスミン（茉莉花）を「むいくばな」と呼んでいたものを、文字で表記する段階で文語的表現、つまり大和風の表記に機械的に書いた表記が「もいこ」なるものの正体ではあるまいか。つまり、三母音の「むいく」を五母音風に「む」を「も」、「く」を「こ」に機械的に矯正した結果「もいこ」なる表記ができたのではないかと考えられる。これは「類推的仮名づかい」、より一般的にいえば、ハイパーコレクション（過剰修正）である。

改めて、この「昔嘉手久節」の原文の歌詞を観てみると、他にも些か表現に違和感があるものがある。「言やぬばかり」と書かれているのは「言わぬばかり」のような気がするし、「笑て咲きゆさ」というのも、どこか琉球語「ワラティサチュサ」からの機械的な転写のような印象を受ける。ちなみにこの「昔嘉手久節」は、組踊などで使われたことはない。組踊に使われる楽曲は比較的古いものが多いため、組踊に使われていないということは、少なくとも十八世紀から伝わる古い曲である可能性は少ない。つまり新しい歌の可能性がある。

伝承された琉歌には、ひょっとして元の方言読みを機械的に文語風に転写したようなものが、他にもあるのではないか。そういう目でみてみると、表記として沖縄独特のものが存在しているものも多い。

例えば「それかん節」は、以下の歌詞がある。

「油買うてたばうれ　簪も買うてたばうれ　捨夫の見る目みなれしやべら」
（アンダコティタボリ　ジファンコティタボリ　シティウトゥヌミルミミナリシャビラ）

この原文表記「たばうれ」も、どこか琉球語の「たぼれ」（日本古語「たまわる（賜る）から の転訛）といった、「類推的仮名遣い」のにおいがするが、どうなのだろう。これは「油を買って欲しい、かんざしを買ってほしい」といった願望を表すモダリティだが、「たばうれ」と書くような表現が、本土の日本語の歴史には存在しているのだろうか？

こうしてみていくと、琉歌など琉球の事柄を記した文章を読み解くには、一定の琉球語の知識が必要になることが分かるであろう。

絶滅後（語）の世界

日本語の歴史をみると、『源氏物語』の言葉と現代の言葉は大きく隔たっているのが分かる。文法も違うし、語彙の意味も違う。発音も平安時代と現代では異なっていた。『源氏物語』には英語からの借用語は全くないし、『源氏物語』の言葉を現代人に使っても通じない。つまり源氏の言葉は絶滅しており、我々は絶滅後（語）の世界を生きていることになる。

『源氏物語』当時の言語は、今日的にはすっかり姿を変えてしまい、話者もいない。だがこうした事実があるにもかかわらず、『源氏物語』の日本語は消滅した言語であるとはみなされていない。もちろん平安時代には「日本」というくくりの単位は存在しておらず、『源氏物語』を現在の国民国家の枠組みでとらえて「日本文学」とはみなさない向きもあろう。だが学術的な議論においても『源氏物語』は日本古典文学の文脈で語られることが多く、それに異論をはさむことはあまりないように思える。これは言葉についても同様である。

『源氏物語』に観られる平安時代の「日本語」は誰も使っていないのだから、現代では消滅していることは確かである。だが『源氏物語』と現代の日本語の違いは、両者の隔たりを言語の変化とみなしていることにある。そのため一時期の言葉が「絶滅した」とは表現しない。

いま、琉球語に関する議論に接するとき、ユネスコが琉球語を「危機に瀕した言語」に指定していることから、その保存と継承が叫ばれるようになった。言語の保存と継承については異論がないが、ずっと腑に落ちないのは、言語はそもそも変化することが自然であり、言葉が不変であることの方がかえって不自然なことである。もし言葉が不変であるなら、それはもう使われなくなった言葉である。話者がいないことで、過去の記録だけが残っているのだから、不変であるというより、変わりようがないと言った方がいいのかも知れない。しかし、どの言語の話し手であるかを問わず、人は言葉の変化をあまり歓迎しない。言葉の変化を、「乱れ」と表現することはあっても、言葉の「進化」とはとらえないのである。言葉の変化は、きっと乱れでも、進化でもない。「乱れ」や「進化」は、主観の入った評価であり、現実ではない。今の沖縄の若い人々が話している言葉は、以前の言葉に比べれば標準語と混淆した「まんちゃー」(ごちゃまぜ)に見えるのだろうが、「正しいうちなーぐち」という幻想がかえってうちなーぐちの使用をためらわせる要因の一つになっているように思えてならない。

標準語が冷笑されたこと

テレビなどを観ていると、沖縄のお笑い芸人が方言混じりの言葉で冗談を言っているのをよく見かける。標準語で言うと大して面白くない冗談が、方言で話されると笑いを誘うということはありそうである。

また沖縄社会では現在、改まった正式な場面では標準語が用いられる。各種式典においては、冒頭の挨拶だけはしまくとぅばで、それ以外のほとんどは標準語を使ってスピーチが行われており、少なくとも標準語を使うことが場に相応しいと思われているように思われる。

だがこうした状況は、標準語が沖縄社会に浸透する以前にはなかったものと思われる。なぜなら標準語は、いつの世にも、誰にとっても身近に存在したものではなく、歴史の中の、それも長い目でみればごく最近の歴史において作られ、広がったものだからである。

では沖縄社会で標準語が使われつつあったとき、沖縄の人々は標準語に対しどのような気持ちを抱いていたのだろうか。それを考えるヒントを与えてくれる文書がある。
これは北海道大学の近藤健一郎氏の発表を通して知った。一九一五年の「普通語ノ勵行方法答申書」という資料である。この「(2) 家庭の項」には以下のように書かれている。

「家庭に於テ兒童ノ普通語使用者ニ對シテ苟モ罵言冷笑等ノ挙動ヲナサザルノミナラズ常に稱揚奬勵ニ努メテ學校訓練ノ助長ヲ期スルコト」

これを現代語に訳すと「家庭で標準語を使っている児童に対して、万が一でも悪口を言ったり、馬鹿にして笑ったりするような振る舞いをしないだけでなく、常にほめて、奨励することにつとめ、学校での標準語訓練を助け、伸ばすことを期待すること」となっている。また「(3) 社会の項」にも、以下のように書かれている。

「學校生徒ノ普通語ヲ使用スル者ヲ冷笑セシメザルコト」

これも現代語にすると「学校の生徒で標準語を使う者を馬鹿にして笑ったりさせないこ

と」になる。

つまり、一九一五年当時、沖縄で沖縄人の子供が標準語を話すことが、学校以外の家庭や社会において冷笑、つまりあざけりの的《まと》になっていたことを物語る記述である。この答申書は、学校や家庭や社会で標準語を使うことを呼びかけたもので、標準語を沖縄社会に広めることと、方言を使わないようにすることが箇条書きで述べられている。よって標準語に対して当時の社会がどのように受け止めていたのかを直接伝えるものではないが、これがはからずも子供が標準語を話したときの周囲の反応を伝えており、実に興味深い。

この時期は子供が標準語を話すことへの理解が、周囲の大人にはなかったことを表している。またこの頃はテレビもラジオもない時代であり、電話も一般に普及していなかった。一般の人が標準語を見聞きすることは、ほとんどなかったものと思われる。よって当時の標準語は沖縄の人にとって「美しい」とか「正式だ」とか感じる以前の、笑いを誘うぐらいに「訳の分からない変な言葉」に映っていた可能性がある。

標準語の必要性が社会に認識され、それが浸透していったのはいつ頃だったのか。例えば、『琉球新報』(二〇一六年七月九日朝刊）の「論壇」に儀武息勇氏による以下の証言がある。

「一部の大和語《やまとぅぐち》を使う人は、『ゆーでぃきやーふなーし（秀才ぶって）』と言われて浮いた状態であった。」

儀武さんは投稿時七十歳で、一九四五年生まれだろうか。この方の子供の頃となれば、一九五〇年前後となる。一九一五年と一九五〇年では標準語（大和口）に対する感情がやや異なっている。つまり「冷笑」から「敬遠」という流れである。一九五〇年は、標準語に対し、肯定的とは言えないまでも、「でぃきやー（よくできる人、秀才）」というややポジティブな感情と、気取りやがってという不愉快ともいえる感情が入り混じっている。

この二つの記述のみで大きな流れを把握することはできないが、ここから垣間見られるのは、二〇世紀前半の沖縄社会では、標準語と方言に対する人々のとらえ方に大転換が起きたことである。最初は学校という閉じられた空間のなかにのみ使われた標準語が、家庭や地域社会に広がり、人々の標準語に対する価値観に変化が起きたのである。

標準語は、確かに沖縄社会に押しつけられた部分もある。だがこうした現象を、「強制」や「押しつけ」という観点のみで片付けてしまうと、実像が見えなくなってしまうように思われる。

首斬り同士は、なぜか親友

「くびちりどぅし」という言葉がある。これは沖縄の言葉で「親友」の意味である。沖縄の年配の方ならご存じだと思われ、また昔はよく使ったという話もうかがった。那覇市の首里末吉町にこの名前の居酒屋がある。この言葉を漢字で置き換えると、「くびちり」＝「首斬り」、「どぅし」＝「同士」となろうか。

ここではとりあえず「どぅし」に対して漢語由来の〝同士〟を当てたが、これには実は漢語説と和語説の二つの説がある。

まず漢語説を紹介しよう。中国語の〝同士〟あるいは〝同志〟が日本語に入ったあと、「仲間」や「友人」の意味に使われたというものである。この用例として、福沢諭吉の『西洋事情』（一八六六‐七〇）二に以下のように書かれる。

「教師カルウィンなる者 其説を首唱し、同士の徒 甚た多し」

ここでは「同士」が「仲間」の意味で用いられている。
もう一つは和語の「どち」に由来するとする説である。例えば紀貫之の『土左日記』承平五年一月九日には以下のように書かれる。

「見渡せば松のうれごとにすむ鶴は千代のどちとぞ思ふべらなる」

ここでは「どち」を「友達」の意味に用いている。そしてこの「どち」が「どぅし」という音に変化したとされる。「どぅし」に変化した後の用例は、十五世紀の『申楽談儀』「別本聞書」にある。

「知りたるどぅしうなづき合ふこと也」

これは「知っている同士が頷きあうことなり」という意味になろうか。ちなみに『平家物語』にも「どぅしいくさ」として「仲間同士の争い」を表現している。
では仲間を表す「どぅし」が現代の日本でどの程度使われているのだろうか。例えば、沖縄以外では奄美大島、鹿児島、熊本県の天草では「どぅし」が「仲間」の意味として残っているようである。

漢語説と和語説のいずれを採るにせよ、琉球語の「どぅし」が何らかの由来があり、仲間や友人を表していることに変わりはない。

では「くびちりどぅし」が「首斬り同士（首斬り友達）」であるなら、漢文に親しんだ方なら、『史記』の故事を思い浮かべるであろう。つまり戦国時代、趙国の廉頗と藺相如の関係を「刎頸之交」として、「お互いに首を斬られても（頸を刎られても）後悔しないような仲」と形容している。これは高等学校の漢文の教科書にもある故事である。やや表現に生々しさと漢語特有の誇張が感じられるが、友人同士のつながりの深さを表現する言葉として肯定的に使われている。

この「くびちりどぅし」という言葉は、残念ながら国立国語研究所の『沖縄語辞典』、内間直仁、野原三義〔編著〕の『沖縄語辞典　那覇方言を中心に』にも、半田一郎の『琉球語辞典』にも、また角川の『沖縄古語大辞典』にも載っていない。紙幅の関係上、辞書に語彙を掲載するのには限界があるので、どんな言葉も必ず辞書にあるとは限らないが、「くびちりどぅし」という語が首里や那覇の方言を収録する代表的な辞書に採用されていないのはなぜなのだろう。また、沖縄育ちの方に「くびちりどぅし」の意味をたずねても、三十代より以下の世代は知らない方が多い。

ただ、「くびちり」をとりのぞいた「どぅし」や、指小辞「ぐゎー（小）」を加えた「どぅしぐゎー」は三十歳代以下でも耳にする、あるいは実際に使っている人もいるようである。ただ使っているといっても、「どぅし」や「どぅしぐゎー」を使うのは男性のみで、しかも男性の友人しか表さないらしい。五十代以下の沖縄の女性にたずねても、女性の友人や男性の友人を「どぅし」とは言わないようで、「ともだち」と言うそうである。

この話をうちなーぐちの分かる琉球民俗学の先生にしたら、その先生のお母様（大正九年、一九二〇年生まれ）が幼なじみの女友達のことを「どぅしぐゎー」と言っていたのを聞いたことがあると仰っていた。確かに現代の沖縄の女子が「ともだち」といっている状況が、かつての沖縄にあったとは考えにくく、かなりの年配女性は「どぅし」を使ったかも知れない。そう思い、那覇で生まれ育った三線の師匠の奥様（七十代後半）に、女友達をなんと言うかたずねると「どぅしぐゎーという」と仰っていた。また「うちらんだ」ともいうらしい。やはり「友達」を表す「どぅし」において、ある程度の世代にまたがって話をうかがうと、方言語彙の使用における男女差がある程度見えてくる。そしてこれはある意味で世代と同じくらい強い断絶であると感じる。

日本語においても、男性よりも女性の方が標準語的表現をより使う傾向が観られる。もし沖縄の男性と女性がかつては「どぅし」を使い、のちに男性は「どぅし」を使い続け、女性が早々に「どぅし」を使わなくなったとすれば、沖縄の話し手においても女性の方が標準語的表現を好む傾向があると言えよう。また上述の先生（男性）は、男の兄弟には方言を使うが、姉や妹には標準語を使って話をするそうである。また姉と妹の間の会話でも標準語を使うことが多いと証言なさっている。

気軽な関係性でも言い表せる「どぅしぐゎー」は使うけれど、関係の密度がより高い「くびちりどぅし」は使わなくなっている。この事実から、沖縄社会でも人間関係がより希薄《きはく》になっている。そう考える向きもあろう。だが、言葉の使い方一つで、そこまで言い切る自信は私にはない。なぜなら「くびちりどぅし」に代わる言葉が、若い世代では「マブダチ」というメディアでよく使われる表現に置き換わってしまっているからである。それにそもそも人間関係がより希薄になっていることを、客観的に、実証的に測ることは難しい。

こうした言葉の消長をみて気になることがある。うちなーぐちの継承を推進する方は、例えば行政が「くびちりどぅし」といった、いささか生々しさを伴う表現を積極的に後生に伝えようと思っておられるかどうか、である。また沖縄社会が、女性が方言を使うことを手放しで喜び、当人たちも何の気兼ねもなく方言を話せる環境があるかどうか、である。また、日本語の世界では流行語大賞など、その年の世相を表す言葉が発表される。しかし、琉球語にこうした流行語や新語は生まれているのだろうか。少なくとも今年流行った琉球語という話題は耳にしないし、何かが流行ったとしてもそれは琉球語ではないという人も出てくるかも知れない。

　言葉は多様であり、人が眉をしかめたくなるような言葉も、当然ながら存在する。きれいな、いい言葉、黄金言葉《くがにくとぅば》だけを後世に残したい。そんな試みが成功するようには思えない。現に古典中国語やラテン語、古典ギリシャ語などは、名言や格言でしか残っていないのだが、琉球語がそうした言葉になったとき、生き生きとした姿を失い、すでに古語の特徴を備えてしまったことになる。

「為又」はなぜ「びーまた」と発音するのか

沖縄本島の名護に為又という地名があり、これは「びーまた」と発音する。変わった名称なので、よくその理由をたずねられるのだが、ここで現時点の私見を述べたい。

もともとあった地名の発音に漢字が当てられた当時、現在の「びーまた」にあたる地点がどのような発音で人々から呼ばれていたかはよく分からない。だが、地名を表す漢字に「為」と「又」が選ばれたのは、何ら根拠もなく当てられたのではなく、少なくとも当時の地名の発音と当てられた漢字の発音に、類似性があってのことだと思われる。なぜなら沖縄の地名は、コザやライカムなどを除けば、どの地点も漢字とその発音には有意な関係が認められるからである。では現在、「為」がなぜ「びー」という発音になるのかを歴史的な観点と地理的な観点から考えよう。

まず為又という地名は、「為」と「又」という二つの漢字からなり、「又」を「また」と発音することから、「為」が「びー」という発音を担っていると考えられる。「又」については議論の余地がないので、ここでは「為」の発音を中心に述べる。

「為」の音読みは「い」であるが、旧仮名遣いではワ行音の「ゐ（ヰ）」となる。今なら「うぃ」と書くところであろう。

このワ行音は古くは/w/の半母音から始まっており、今は「わゐゑを」のうち、「ゐ（ヰ）」は「い（イ）」に、「ゑ（ヱ）」は「え（エ）」に、「を（ヲ）」は「お（オ）」の発音と同じになっている。しかし「ゐ（ヰ）」と「い（イ）」が文字として別個に存在していたということは、かつては異なった発音であったことを物語る。「ウィスキー」がかつては「ヰスキー」と書かれ、ビールの銘柄に「ヱビス」と表記されているのはその名残である。

格助詞の「を」もかつては/wo/と発音した。今でも「を」を/wo/と発音する習慣は長野県に残っているようである。そして「ゐ」も「いろは歌」では「うゐのおくやま（有為の奥山）」と詠まれている。

この「為」は「ゐ（ヰ）」の表記であったことから、かつて日本語では/wi/と発音した。このワ行イ段音の「ゐ」を琉球語の一部の地域では「び」で発音する地域がある。

では、この「ゐ」という発音は「為又」の所在地である名護ではどのように発音するか。名護では「為又」の地名だけは「びーまた」と発音するのだが、それ以外の、例えば動詞「座る」の意味の「ゐる」は「イイン[iijin]」となり、「びー」ではなく「いー」と発音している。つまり地名以外に類例が乏しいのである。

しかし、名護の近隣地域では「ゐ」に由来する語を「びー」と発音する。例えば羽地地区、屋我地地区、国頭郡与那・辺野喜などはワ行の「ゐ」に由来する音節を「びー」と発音しているのである（『名護市史本編10 言語』名護市役所 二〇〇六）。

名護は北部では最も大きな街である。一般に人が行き交う大きな街は言葉の変化が起こりやすく、人の往来が少ない周辺地域には古い形が残りやすい。名護では一般の動詞や名詞は「いー」に変わってしまったが、地名にのみ「為」に由来する音を「びー」と読む古い読み方が残った。私はそう推測している。

地名の発音は、どの地域の発音で読まれるかで大きく姿を変える。例えば、〝香港〟を我々は「ホンコン」と読むが、中国語の北京語になると「シァンガン」になる。「ホンコン」の発音は、香港の現地の広東語の読み方にならったもので、日本語では北京語の読み方ではなく、広東語の読み方で定着している。福建省の〝厦門〟という街は日本語では「アモイ」と呼んでいる。これも、標準語になると「シアメン」となるが、現地の言葉では「アモイ」に近い発音で読まれ、日本語では現地の発音に近い呼び方が採用されているのである。

このように沖縄の地名も、どの地域の発音で読まれるかで大きく印象が異なることになるのだが、「為又」を「びーまた」と読むのは首里などの発音に基づくものではなく、地元の発音に基づいたものであろう。

発音に限らず、あらゆる文化現象において、現在に残っていないものが古くは存在したという現象が観察される。よって現在、その地点で痕跡が残っていないからといって、かつては存在しなかったという考えは、けだし極論と言えよう。

言葉はなぜ変化するのか

言葉の歴史を研究する目的の一つは、言葉がどのように移り変わってきたかを解明することにある。すると当然、なぜ言葉は変わってしまうのかという疑問につきあたる。歴史研究ではhow（どのように変わったのか）に加え、why（なぜ変わったのか）という問いに答えなければならない。だが言語研究においては、このwhyに十分に答えられているかといえば、そうではないように思われる。

我々の実生活を考えても、言葉によるコミュニケーションが成立するためには、共通の言語が必要である。言葉をコミュニケーションの道具と考えれば、みな同じ言葉を使えば、互いに労力が省け、誤解も少なく、便利で合理的である。世界中の人が同じ言葉を話せば、外国語を勉強しなくてもいいわけだし、そうなったらいいと思う人も少なくない。そして実際にそう考えた人もおり、十九世紀末にエスペラント語という人工言語が構想された。ただこの言語はあくまでヨーロッパの言語を母語とする話者を想定し、彼らの母語を基盤にした第二言語として構想された。よって日本語や中国語の話者は度外視していた。考えてみれば、当時のヨーロッパ人にとって「世界」は事実上、「キリスト教世界」しか指していなかったものと思われる。

だが現実にはエスペラント語はヨーロッパでさえ第二言語として市民権を得ているとは言いがたい。そして今も欧州連合の公用語に指定されていない。それは当然のことと思われる。言語習得のための時間的・金銭的コストは大きく、言語自体もそう習得に都合よくできていない。日本語話者からすれば、中国に行けば言葉が違うし、同じ地域であっても世代が違えば言葉が違う。このことは世界の言語を見回せばよくあることである。沖縄では老人世代がうちなーぐちを話しても、それらを十分に理解することは親族でも難しい。

また言葉は変化しない方が便利で、合理的である。言葉が変化しなければ、古典語をわざわざ勉強する必要はないし、昔に書かれたものを、辞書片手に苦労して解読する必要もない。言葉が変化することはむしろ面倒なことばかりである。こう考えると、言語が変化してしまうことで、我々は不便な思いを強いられているように見える。

では「言葉はなぜ変化してしまうのか」、という問い自体を少し考えなおしてみよう。次は「言葉が変化しなくなったらどうなってしまうのか？」という観点で考えてみたい。

言葉が奈良時代の言語状況で変化をしないことになったらどうだろう。奈良時代と現代では全く社会状況が異なる。奈良時代にはネットもなければ、スマートフォンも、ウォシュレットもない。もし言語が新たな言葉を受け入れるようにできていなければ、新らしく登場した事物を呼ぶことはできるのだろうか？　おそらくそれは難しい。言葉が増えるということ、そして新たな表現が増えたり、古い表現が使われなくなることも変化の一つである以上、言葉が固定化し、新しい概念を受け入れたり、生み出したりしない状態であったら、むしろそっちの方が困る。言葉は変わるという柔軟性を持つことで、様々な社会の変化に対応ができるようになっているのである。

「言葉はなぜ変わるのか？」という問いに対する直接の回答ではないが、言葉は変わるような柔軟性がなければ、かえって不便で、問題が大きいのだと思われる。そもそも人類の歴史において、言葉が全く違う地域に移動できるようになったのはほんの「最近」のことなので、言葉が通じず困る事態は今より少なかったに違いない。

話はやや違うが、以前、人間の記憶のシステムについて興味深い一文を読んだことがある。記憶はあいまいであるからこそ有効であり、人は高度に進化したというものである。つまり、人の脳が何事も正確に記憶するようにできている場合、他人を認識することがかえって難しくなるという。つまり、昨日の大城さんはかりゆしウェアを着ていて、同じ大城さんが今日はスーツを着て帽子をかぶって散髪している状況を考えてみてほしい。もし記憶が正確無比なものであるなら、人は「昨日の大城さん」と「今日の大城さん」を識別することが難しくなってしまうという。つまり記憶の「あいまいさ」によって、我々は「昨日の大城さん」と「今日の大城さん」を同一人物として認識できるという。

実は鳥のような小さな脳の方が、人間よりも正確に世界を記憶できるそうなのだが、鳥はちょっとでも変わってしまった対象物を「同じもの」として認識できないそうである。また近年はコンピュータのディープラーニングの進化によって人を認識する技術がかなり正確になってきているらしいが、まだ人間ほどではないようである。

記憶が曖昧であることはときに、不便である。物忘れをしたり、人の名前を思い出せなかったりする。そんなときには困るし、何でも正確に覚えられればテストなどを嫌がることもなかっただろう。だがその一方で、日々変化する大切な人を区別できなくなる、あるいは人が区別してくれなくなる方がやはり弊害《へいがい》が大きいと思われる。

記憶の「あいまいさ」は、モノと言葉の結びつきと似ている。言語記号は恣意的《しいてき》である。そう喝破したのはフェルディナン・ド・ソシュールという言語学者である。恣意的というのはモノと言葉の間の関係に強固なつながりがなく、いわば「好き勝手」につながっているという考えである。モノと言葉の間に、こうしたつながりがない、言い換えれば絶対的ではなく、あいまいな関係であるということが、言葉が世界中に多様に存在し、歴史的に変化していく要因になっているのであろう。

第三部

走る日本語、歩くしまくとぅば

比喩とうちなーぐち

走る日本語、歩くしまくとぅば

日本語の「走る」は、もともとは人間や動物が自らの足で高速で移動することをいう。「走る」という言葉から、まず「リレーで走る」、「犬が走ってきた」という例が思い浮かぶのではないだろうか。だがこの「走る」という動詞は、これだけにとどまらない。「走る」が人間や動物以外のものに使われている例は、豊富にある。

・バスが走っている
・今日のピッチャーは、よくボールが走っている
・道路に亀裂が走る
・稲妻が走る
・ドル買いに走る
・私利私欲に走る
・ひざに痛みが走る

・むしずが走る

これらの例に観られるように、日本語の「走る」という言葉は、人間が「走る」という原初的な意味から、モノが高速で動く意味に拡張し、さらには「痛み」、「むしず」という抽象的な事柄を表現するまで、多くの意味を獲得しながら広がっている。それは「走る」という意味に含まれるスピード感が関係しているのであろう。

では琉球語ではどんな言葉が日本語の「走る」のように意味が拡張しているのだろう。ここでひとつのエピソードを紹介したい。

ボクシングの元世界チャンピオンの具志堅用高氏は、かつて「ボクサーをしていなかったら何をしていたか」とたずねられたのに対し、「海を歩いていただろう」と答え、それが日本語ネイティブの人々を驚かせたという逸話が伝えられている。この話がどの程度当時の状況を伝えているのか、私自身は伝聞でしか聞いたことがないので、よく分からない。だがこの逸話は大変興味深い言語事実を物語っている。

それは「歩く」という意味を表す琉球語の「あっちゅん」には、様々な用法が観られるからである。以下の用例を観てみよう。

・学校あっちゅん（学校に通う）
・時計あっちゅん（時計が動く）
・公務員あっちゅん（公務員をしている）
・むるあっちゅんどー（みんな働いているよ）
・毎日あっちゅん？（毎日元気か？）
・ぬするっしあっちゅりさ（泥棒稼業をしている）
・海あっちゅん（海歩く→漁師）
・車を歩かす（運転する）

かつて私は沖縄で車を運転していて、他の車と接触しそうになったことがあった。そのとき相手の運転手から「どこ見て歩いとる！」と怒鳴られたことがあった。繰り返すが、私も相手も車を運転していた。にもかかわらず、である。そのとき、注意されたこと以上に、運転しているのに「歩いている」と言われたことが、私の頭を支配した。

琉球語の「歩く」に関して、興味深い話はまだある。ある日の三線のお稽古で、師匠が

「仲風《なかふう》や述懐《すっけー》は一応、歩きはするんでしょ？」と私にたずねになった。言葉どおりにとらえるなら、「仲風節や述懐節という歌が歩く」ということになる。標準語に訳すと、「仲風節や述懐節は、一応、三線を弾きながら通して最後まで歌えるんでしょ？」といった意味になるだろうが、最初にこの表現を耳にしたときは、ここまで「歩く」の意味が拡張しているのかと目を丸くした。

では、琉球語の「走る」という言葉はどうだろうか。琉球語の「走る」は人が走るときは「はーえーすん」というが、動物・舟・流れの場合は「はゆん」といい、両者は使い分けられている。人が走るという意味の「はーえー」は、「かけ足」という名詞で、「はーえーすん」は「かけ足＋する」となる。また、「足の速い人」は、「ゆーあっちゃー（よく歩く人）」とも言う。「足が速い」ということは「走るのが速い」という意味だが、ここでも何と「歩く」を使っている。

日本語は「人が走る」という意味から拡張して抽象的な事柄を表す意味へと拡張しているが、琉球語の「はゆん」は人が歩く「はーえーすん」を源流としていない。「はゆん」が「稲妻」や「道路」、「私利私欲」などとつながるかは分からないが、いずれにせよ日本語ほど拡張した用法はないようである。一方で日本語の「歩く」も琉球語のような多義性をみせない。むしろ拡張し、抽象的な意味に用いられるのは「歩く」ではなく「歩む」の方である。「学問の道を歩む」、「人生の歩みを振り返る」という表現を「歩く」に置き換えると誤用となる。

意味拡張の豊富さという点でみれば、日本語は「走る」が、琉球語では「歩く」が実にいい勝負をしているといえるだろう。本書の題名も、「走る」と「歩く」にかかわる、この日本語と琉球語の対照的な姿をもとにしている。こうした話から県民性や地域の気質に話をもっていきたくなるが、おそらく言葉の世界と現実世界とは異なる。言語の世界はともかく、現実世界では、近年、沖縄県民はあまり歩かないと言われている。赴任して間もない頃、私は沖縄の方に道をたずねたことがあった。「歩くと遠いですよ」と言われて、何分かかるか訊いたら、「10分かかります」と言われて拍子抜けした。コントのようなこの経験は、今でも鮮明によみがえる。

「歩く」と「歩む」

日本語を母語とする人なら気にもとめないことを、日本語を母語としない外国人留学生から質問されることがある。あるとき、「ひらく」と「あける」はどう違うのですかと留学生からたずねられた。これに答えるのは実は結構、難しい。みなさんならどう答えるでしょうか？

とりあえず、どんなときに「ひらく」を使い、どんなときに「あける」を使うのか見てみよう。そのときに、両方使える場合、片方しか使えない場合に分けてみる。ちなみに、少し違和感のある表現は文の先頭に「?」を、文として成立していない文（非文）は「*」を付けている。

【両方使える場合】

・ドアをひらく　・ドアをあける

・扉をひらく　・扉をあける

・箱をあける　　　・箱をひらく
・道をあける　　　・道をひらく
・口をあける　　　・口をひらく

両方使える場合でも、「ドアをひらく」は実際に使うかどうか微妙で、違和感がある。「ドアをあけておいて」とは言っても、「?ドアをひらいておいて」とは言わない。

「箱をあける」と「箱をひらく」は同じ行為（箱をオープンする）を指す場合もあるが、「箱をあける」には「箱をカラにする」という意味もある。

「道をあける」と「道をひらく」というのは、両方使えるが、それぞれの意味が違う。「道をあける」の「道」は、具体的な「通り道」を指している。有名人が群衆のなかを通るとき、その人が通れるようにする行為が「道をあける」である。一方、「道をひらく」と言ったときの「道」は抽象的な意味になる。「彼は近代医学の道をひらいた」といえば、「開拓者」の意味となる。このときの「道」は具体的な道路を指しているわけではない。具体的な場面でも使わないことはないかも知れないが、そのときは「道を通す」というだろう。

これと同様に、「口をあける」は歯医者などで実際に口をオープンにすることを言うが(沖縄の歯医者で時々「口をあいてください」と言われるが)、「口をひらく」は「話す」、「白状する」といった意味に転じている。

【「ひらく」しか使えない場合】

・花がひらく　・*花があける
・教科書をひらく　・?教科書をあける
・サカナをひらく　・*サカナをあける
・口座をひらく　・*口座をあける
・心をひらく　・*心をあける
・未来をひらく　・*未来をあける

【「あける」しか使えない場合】

・蓋をあける　・?をひらく
・一行あける　・*一行ひらく

・バケツをあける　・*バケツをひらく
・年季があける　・*年季をひらく

「オープン」の意味は両方あるが、「ひらく」には「作る」、「閉じたものを分離させる」といった意味があるのに対し、「あける」には「スペースを作る」、「(何かが)終了する」といった意味がある。

こうして用例を積み重ねると、最初は同じように感じた「ひらく」と「あける」が全く違ったものに見えてこないだろうか。

では、「歩く」と「歩む」はどうだろう。どちらも歩くことを示す動詞である。こちらも見てみよう。

【「歩く」しか使えない場合】
・国際通りを歩く　・*広い道を歩む
・よちよち歩く　・*よちよち歩む
・?江戸を歩く

【「歩む」しか使えない場合】
・苦難の人生をあゆむ　　・*苦難の人生をあるく
・独自の路線をあゆむ　　・*独自の路線をあるく

これらの例にあるように、「歩く」は物理的に移動するという意味で、「あゆむ」は「人生」や「路線」といった抽象的なものや比喩になっている言葉とともに用いられる。「歩く」と「歩む」は、互いに似ていながら、はっきりと意味の分担を行っているといえよう。

もし人名に「歩」とあれば、「あゆみ」や「あゆむ」といった読みが当てられる。これは人の名前には「人生を進んでいく」という抽象的な意味が込められているからであろう。私はまだ人名で「歩」に「あるき」とか「あるく」の読み方をあてた例を知らない。いくら名前の名付け方が多様化してもこれはなぜか聞いたことがない。思ったより人は、無意識に意味の違いを感じとっているということなのかも知れない。

さきに琉球語の「歩く」の意味にあたる「あっちゅん」が様々な意味に拡張することを述べた。琉球語の「あっちゅん」は日本語の「歩く」に比べて、生産性が高く、いろいろな意味に転じる。単に「歩く」だけでなく、「働く」、「運転する」、「弾く」まで動くこと一般に用いられる。これらはいずれも具体的な行動、つまり具象を言うのに使われている。

では琉球語には、日本語の「歩く」と「歩む」に似たような、具象と抽象の目的語で意味が分担されている例はあるのだろうか。例えば、「人生」や「路線」といった抽象的な意味には「あっちゅん」は使えるのだろうか？

こうしたことは、琉球語を幼少期から使い、母語とする人にたずねなければ確認できない。日本語のように活字化された文章が多いわけではない状況では、この言い方は「する」、こういう言い方は「しない」という判断は、後天的に学んだ者には困難が伴う。これが母語話者の貴重な能力であり、感覚なのである。

琉球語が使われなくなってしまうと、どうしても知りたいことも、知るすべがなくなってしまうのである。

琉球語におけるメタファー

おそらく本書を手にとっておられる方は、学校の国語の時間に比喩を学んだと思う。比喩とはあるものを別の何かにたとえて言うことだが、比喩が用いられる状況とは、原則的には、「気分」「感情」「思想」「人生」「恋愛」「苦悩」「交際」「時間」「味覚」といった抽象的な事柄である。逆に具象的な事柄はあまりたとえられることはない。例えば「沖縄そば」や「中国語の授業」といった具象は、普通は何かに喩えることはない。

言語学では比喩のことを「メタファー」という。学校の授業では、詩などを例にあげて、比喩は修辞、つまり文学的な「言葉のあや」として教えられることが多いが、認知言語学ではメタファーはそうした文学のみに特化されたものとはみなさない。それはばかりか、メタファーは、それなしには人の感情や善悪という抽象概念を理解することができない、必須のものととらえる。

沖縄のことわざを「黄金言葉《くがにくとぅば》」という。そのなかではメタファーが多用されているが、少しみてみよう。いずれも抽象的な事柄を、具体的な事物や関係性、つまり具象で示していることが分かる。念のため、琉球語の黄金言葉に相当する日本語のことわざも挙げておこう。

・いちゃりばちょーでぇー（行逢りば兄弟：袖振り合うも他生の縁）
親しい関係（抽象）↓兄弟の関係（具象）

・いんとぅまやー（犬と猫：犬猿の仲）
険悪な関係（抽象）↓犬と猫の関係（具象）

・くとぅば、じんじけぇー（言葉 銭つかぇー）
大切にする（抽象）↓金銭を使う（具象）

・わらてぃわたぐすい（笑てぃ腹薬：笑う門には福来たる）
元気の源（抽象）↓腹薬（具象）

・いきがぬちゅくとぅばー　すーむんがーい（男ぬ一言葉　証文代い：武士に二言はない）
守るべき約束（抽象）↓証文（具象）

・かなしゃるうちゃ　むちうてぃ（愛しゃるうちゃ　鞭うてぃ：愛の鞭）
厳しくする（抽象）↓鞭打つ（具象）

・どぅくやどぅくげーし（毒や毒返し：毒をもって毒を制す）
悪いもの（抽象）↓毒（具象）

・くがにくとぅば（黄金言葉：金言名句）
大切なもの（抽象）↓黄金（具象）

以上に挙げた例は、いずれも抽象的な事柄を、具体的な事物に置き換えている。そもそも、黄金言葉《くがにくとぅば》も「貴重なもの」という抽象を「黄金《くがに》」という具象に置き換えた言葉である。この置き換えのことを「マッピング」という。置き換えの方向性は、抽象↓具象であり、逆はほとんどない。

格言は、「生」、「死」、「幸福」、「孤独」、「運命」といった「人生」、そして「愛」、「恋」、「結婚」、「友情」や「人情の機微」、「金」、「時間」など守るべき道徳規範など、抽象的な事柄を人に伝えるという役割をもっている。人々にとって哲学が難解なものに映るのは、こうした抽象的な事柄に向き合っているからである。言葉は、こうしたぼんやりとした事柄に形をあたえ、現実の思考や行動の指針にする役割を果たしている。メタファーはまさに人の思考を支え、人間を他の動物とは大きく隔てる存在にしているのである。

「こころ」はどこにあるのか

「こころ」は一体、どこにあるのかという問いに明快に答えられる人はなかなかいない。私もその一人である。しかし、歴史的にみた場合、心はどこにあるのかを考えた人は大勢いる。

例えばプラトンは『ティマイオス』という著作のなかで、心を「理性」と「感情」と「欲望」の三つに分け、理性は頭に、感情は心臓に、欲望は肝臓に宿ると解釈している。紀元前四世紀から、もうそんな風に考える人がいたことに驚くが、特に欲望は肝臓という発想が不思議だ。肝臓は「沈黙の臓器」ともいわれ、普段はおろか、具合が悪くなってもなかなか悪くなったことに気付かない臓器だからである。

さらにプラトンの弟子・アリストテレスは『動物部分論』で「こころ」は「心臓」にあるという旨のことを述べている。

みなさんは「こころはどこにあるの?」とたずねられたら、どう答えるだろうか。だが、この問いかけはすでになにがしかの前提が含まれている。そもそも「こころ」がどこかに存在するという前提自体がおかしいと思う方もおられよう。「心とは脳の機能である」そう答える向きもあろう。この問いは私には手が負えぬ。だからここでは「こころ」がどこにあるのか、また「こころ」とはどんなものなのかという問いには踏み込まない。ただ言語を研究する者として、言葉のうえで心が身体のどこで表現されているのかをみていきたい。

例えば「こころが痛む」と我々がいったとき、どんな仕草をするだろうか。このとき、手を胸に当てるという仕草がもっともしっくりくる。「こころが痛む」といいながら頭に手を当てたり、お尻をさすったりすると、「本当にこころを痛めてるの?」と疑わしくなる。ただ手を胸に当てるといっても、乳首を指先で当てるのではなく、やはり心臓のあるあたりを広く意識していると思われる。ちなみに日本語の手話で「心」を表現するときは、心臓あたりを人差し指で丸く囲う仕草をする。英語やフランス語の手話では、指で心臓あたりをつつく仕草であるが、いずれにせよ心臓あたりを意識していることは確かなようである。

また「こころが躍る」というのも、心臓の鼓動を意識した表現に思われる。日本語では、「こころ」は心臓を中心に表現されているように思われる。そもそも「心臓」という言葉に「心」という漢字が含まれている。琉球語ではどうだろうか。琉球語においては、「心」は「肝（チム）」で表されることが多い。

肝どんどん	胸がドキドキする
肝いちゃさん	心が痛む
肝いり	親切、好意
肝うち	内心
肝うみー	思い悩むこと
肝わさわさー	胸騒ぎ、ざわつく
肝さわじ	胸騒ぎ
肝がなさん	愛おしい
肝ぐくる	心、考え
肝ぐりさん	気の毒、心苦しい
肝じゅーさん	心強い
肝ぐーむん	小心、内気

肝ながさん　　気が長い
肝あしがち　　焦ること、あがく

では「肝」は何を指しているのかというと、やはりこれは肝臓ではなく、心臓のことを指している。「ちむぐくる（肝心）」という表現は、端的にそれを表している。

日本語でも「肝」が心臓を示す表現はいくつかあり、「肝を冷やす」、「肝をつぶす」、「肝に銘ずる」で意識される「肝」は、やはり「心臓」のことなのだろう。では「肝臓」の方はどこかというと、「胆」かも知れない。

医学的に考えれば、「こころ」にとって重要な機能は、「脳」になるのかも知れない。だが言葉の世界では、「脳」と「こころ」を関連づける表現はほとんどない。今後、「脳」と「こころ」を関連づけた表現や仕草が、出てくるかも知れない。そんな日を密かに心待ちにしている。

オランダからアメリカへ

　那覇市の泊にある外人墓地には、客死したアメリカ人、フランス人、イギリス人、中国人などが眠っている。ここは俗に「ウランダー墓」と呼ばれている。琉球語では、かつて外国人一般のことを総称して「ウランダー」と言っていた。一九三〇年に沖縄本島の言語調査を行ったフランス人民俗学者・シャルル・アグノエル博士は、滞在中にずっと「ウランダ」と地元の人々からささやかれていたことに言及している。

　この「ウランダ」ないし「ウランダー」は、「オランダ」がなまったもので、外国人、とりわけ欧米のアングロサクソン系、いわゆる「白人」を指していた。よってアフリカ系やアジア系の外国人は「ウランダー」のカテゴリーには入らないと感じる方も多いようである。

　ともあれ年配の方、それも六十代以上の方になると外人さんを「ウランダー」と言うのが一般的であったが、それから下の世代ではすっかりすたれ、使わなくなってしまったようである。

オランダは、数多くある外国の一つに過ぎない。だがこれが外国人、それもアングロサクソン系をひっくるめて指していることは、とても奇妙にみえるかも知れない。だがこれは言語学では「シネクドキ（提喩）」と呼ばれ、比較的よく観られる現象である。

「シネクドキ」は、上位概念を指す名称と、下位概念に含まれる名称が逆転してしまう現象をいう。より大雑把な単位である「類」と、それより細かい単位である「種」が逆転してしまうのである。例を示そう。

例えば、我々は日常的に「ご飯を食べる」と言う。「ご飯」というのは、そもそも「炊いたお米」を指し、あまたある料理のうちの一つにすぎない。だが我々が「ご飯を食べる」と言うと、炊いたお米だけでなく、その他のおかずや汁物、デザートも含めて「ご飯」と言っている。「うちにご飯を食べに来て！」と誘われて行ってみたら、出てきたのは「炊いたお米」だけだった、ということはまずない。「ご飯」という言葉は「炊いたお米」から転じて食事で出される料理全体を指している。つまり「ご飯」は下位概念の「種」の一つにすぎないはずなのだが、上位概念の「料理」という「類」全般を指しているのである。つまり「種」が「類」に取って代わって、逆転しているのである。

「アングロサクソン系」と「ウランダー」の関係も、「種」が「類」に取って代わり、それらが逆転する現象と同じである。つまりより広いくくりの「アングロサクソン系外国人」という「類」を、より小さなくくりの「ウランダー」という「種」が代表しているのである。

種（下位）↓類（上位）	例
ご飯↓食事全般	ご飯を食べる
剣↓武力全般	ペンは剣より強し
ウランダー↓外国人全般	ウランダーがきよった

もう一つ例を挙げよう。次は逆に「類」が「種」に取って代わる現象である。沖縄には、本土の花見に相当する習俗がないが、沖縄でも「花見に行く」と言えば、この場合の「花」は「桜」を指すと相場が決まっている。「桜」は数ある「花」の一種にすぎないが、「花見」といったときの「花」は「桜」に限定される。伊江島には五月になると素晴らしい百合が一面に咲き誇るが、百合を観に行くことを「花見」とは言わないし、海洋博公園では毎年、世界的な胡蝶蘭の展覧会が開催されるが、これを観に行っても「花見」とは言わな

い。「花見」と言えば「桜」なのである。つまり上位概念の類である「花」が、下位概念の「種」としての「桜」のみを事実上指しているのである。

　これは沖縄において、「マグロ」という言葉が、刺身一般を指す現象と同じである。マグロは数多くある魚の一種であるが、「今日はマグロ」と言えば、実際に「今日は刺身」であることを指す。この文脈でのマグロは、実際には「イカやミーバイ、タマン、サーモン」といったものの総称である。

類（上位）↓種（下位）	例
花↓桜	花見に行く
卵↓鶏の卵	卵かけご飯
マグロ↓刺身	今日はマグロ

　では今、アングロサクソン系の西洋人一般を沖縄の人々はどう呼んでいるのか？　少し年配の方になると「アメリカー」といい、もっと下の世代になると漢語語彙の「外国人」、「外人さん」という標準語で言っている。「アメリカー」もシネクドキの用法にあた

るので、この「ウランダー」と「アメリカー」という呼称は、特定の外国人をシネクドキの用法を使って指すという点で共通している。しかし、「外人さん」といえばそうした比喩的用法ではない。つまり、「アメリカー」と「外人さん」の間には言語学的に一つの断絶、言うなれば大きな転換がある。

さて、沖縄で中国系の人はどう言っているかと言えば、かつては「唐（トー）」と言っていたようである。かなり年配の方はこれと並行して「シナ（人）」と言っていたそうである。

沖縄そばも、復帰前ころまでは「シナそば」と言っていた。復帰前の沖縄では麺類の代表といえば「シナそば」であり、今で言う「沖縄そば」であった。ラーメン、うどん、そば粉の入ったそば（蕎麦）は今でこそお店が多くなって賑わっているが、かつてはお店も少なく、家でもあまり食されていなかったようである。この「シナそば」という呼称だが、漢字にすると「支那＋蕎麦」になり、語構成からすると「中国の蕎麦」となる。今も昔も沖縄そばにはそば粉が使われていないので、「そば」という語は麺類一般を指すものと思われる。つまりこれもシネクドキの一つである。

「シナそば」はシナが付くので中国由来である。そう話す沖縄の方も多い。だが、これはどの程度の根拠のある話なのか、実はよく分からない。そもそも「シナ」も「そば」も言葉とすれば和語である。日本本土では、ラーメンはかつて「シナそば」と言われており、そもそも「うどん」などの麺文化も淵源をたどれば中国大陸から来たということになる。せいぜいその程度ではないかと思われる。

これは『しまくとぅばの課外授業』でも述べているのだが、琉球語における漢語語彙の問題のように、それが中国由来だったとしても、中国から直接琉球に来たのか、日本を経由して琉球にもたらされたのかという点がある程度はっきりしてからでなければ、「沖縄そばは中国に由来する」と軽々しく言えないのではないかと思われる。料理は言葉と同様に、簡単に国境を越えて定着し、簡単にその土地の嗜好によって変形してしまう。言葉は音声的な対応によって出自をある程度特定できるが、料理の由来の認定は実は難しい。

ここではシネクドキの用法について述べてきたが、シネクドキの興味深い用法として、婉曲表現が挙げられる。婉曲表現とは、物事を遠回しに言うことである。例えば、日本語で「おめでた」と言えば、数あるめでたいことのうち、「妊娠」のみを指す。また「身内に不幸があった」と言えば、その「不幸」は数ある不幸のうち「死」のみを遠回しに指している。「身内に不幸があった」と言われて、どんな不幸か？　とたずねる人はいない。

琉球語にもこうした遠回しな表現が昔から使われている。フランス人民俗学者シャルル・アグノエルの「沖縄ノート」には、今から約百年前の沖縄の状況が活写されている。そのなかで「ウシ ウーイガ」という言葉について説明するくだりがある。女性が「ウシ ウーイガ」つまり「牛を追いに……」と言えば、それは小便に行くことを意味することが記述されていた。この表現がそのまま残っているかは定かではない。あったとしても別の表現にシフトしているのかも知れないが、こうした婉曲表現は貴重な記録である。

こうした例をみると、メトニミー（換喩）やシネクドキの用法は、日常のあらゆるところ浸透しており、文学的な表現というより、ごくありふれた言語現象といえる。言語学者が比喩を言語学の主要な対象とする理由はここにある。

「普通の沖縄人」について

「普通の沖縄人《うちなーんちゅ》」というのは、どういう人を指すのだろう。実は社会的には「沖縄人」の定義は、「日本人」かそれ以上に曖昧《あいまい》である。なぜなら「日本人」の定義は国籍を使うことができるのに対し、沖縄人は国籍を基準にすることができないからである。では沖縄県の居住者かといえば、それには異を唱える意見も多かろう。米軍の関係者なども沖縄県の居住者であることに変わりないが、彼らを沖縄人と見なす人は恐らくいない。私も沖縄に十年以上住み、三線をやりだした頃から「もう、うちなーんちゅだね」と言われたりもしたが、言ったご本人も本土出身の私を本気で沖縄人と思っていたわけではなかろう。

四年に一度、沖縄では「世界のウチナーンチュ大会」というのが開催される。この催しにおける「うちなーんちゅ」は、居住者に限定していない。北米や南米など他国に移住した方や、移住した沖縄人の子孫も含んでいる。つまりは、沖縄にルーツをもつ人ということになろうか。恐らく、「日本人」というカテゴリーとの比較においては、日本生まれの日本に居住する日本語話者に、アメリカの日系三世は日本人かたずねたら、恐らく「日本人ではない」と答える方も多いのではないだろうか。

では沖縄人の属性について考えてみたい。

次に挙げるのは、ネットで語られる「沖縄人のイメージ」である。

のんびりしている／心が温かい／陽気／お酒が強い／やさしい／時間にルーズ／眉が濃い／毛深い／明るい／大人数が好き／のんき／基地反対／マイペース／美男美女が多い／ゆるーい／心が広い／明るい／遅刻する／三線ができる／天然系／小柄／地元愛が強い／楽天的／長寿／外国人慣れしてる／ダンスがうまい／マイペース／方言がきつい

右に世に言う沖縄人像を挙げたが、これらとは全く異なる人はたくさんいるし、全てを兼ね備えた人などそもそもいないと思われる。そして近年は否定的なものだけでなく、「沖縄人はおおらか」、「沖縄人はダンスがうまい」といった肯定的な言い方も、異文化に対するステレオタイプの押しつけとして、マイクロアグレッション（悪意なき差別）、あるいはレイシズムとみなされる傾向にある。

性格や身体的特性で沖縄人をはかれないとすれば、どういう条件なら沖縄人になるのだろうか。両親が沖縄生まれは典型的な例になろうが、父親が沖縄の人、母親が鹿児島の人なら沖縄人になるのだろうか。両親が本土出身者で、生まれてこのかた沖縄から一歩も出ていない人は沖縄人なのか内地人《ナイチャー》なのだろうか。

突き詰めれば突き詰めるほど、沖縄人は定義することさえ難しいのに、我々の観念のなかに「沖縄人」が存在しているのは何故か。これこそが言語のカテゴリー化の産物である。なぜカテゴリー化をするのかといえば、それは自分の近くに存在するヒト、モノ、コトを分類して整理しなくては、われわれ人間は世界を理解できないからである。そしてときには言語の運用や生活上、致命的な事態を招きかねないからである。

そして「沖縄人」の定義を突き詰めてもなかなか定まらないのは、カテゴリーが客観的に外界に存在するのではなく、ヒトの能動的な分類作業の結結果だからである。そしてものごとの分類は言語によって異なる。

カテゴリー化は言語にとって、そして人の認識を形作るうえで実に有益なものである。実態はなくとも「日本人」や「沖縄人」といった枠組みを言語的に与えることで、それらの情報を記憶する際の効率性を高め、対象の性質を類推しやすくなる。つまり認識したものを記憶し、保持し、再生することがより容易になるのである。人間の何かを認識したり覚えたりする認知資源には限りがあるため、カテゴリー化することで最小の認知的努力で最大の情報を得ることができる。

一般的に、同じカテゴリーに属するもの同士は類似性を過大視する同化傾向が強く、逆に異なるカテゴリーに属するものはその違いを過大視する対比傾向が観られる。

またこうしたカテゴリー化は、ステレオタイプの形成過程におけるベースとなっている。ステレオタイプとは、人に浸透している先入観、思い込み、認識、固定観念やレッテル、偏見、差別などの類型・紋切型の観念である。つまり、カテゴリー化は物事の把握を容易にする一方で、その副産物として偏見も生じさせる。よってどのようなカテゴリーもある種の偏見から逃れることは難しい。

カテゴリー化からステレオタイプの形成、そしてステレオタイプの維持や抑制といった事柄は、認知心理学や社会心理学の領域になる。我々が偏見を克服するには、言語を使ううえで必須の事柄を乗り越える必要があるのである。

オジサンの唐揚げ

あまり居酒屋では見かけないが、オジサンの唐揚げは美味しいらしい。作り方がネット上の「あじま〜沖縄」内の「沖縄料理レシピ」で紹介されていたので、ここで引用しよう。

1　うろこと内臓を取り出し、下処理をする。
2　背の方から3枚におろすような感じで切れ込みをいれる。
3　水気を切ったら軽く塩を振り、小麦粉を少しまぶす。
4　少し高温の油で2、3分カリッと揚げる。

レモンをしぼって食べるのがいいらしい。この「オジサン」というのは、人ではなく、ヒメジ科のお魚である。残念ながらというか、幸いにも人のオジサンではない。

私が沖縄にやってきていつも説明に困るのは、魚などの方言語彙である。本土から来た友人に居酒屋で出てくる魚の名前を言っても、友人にとってはどんな魚なのか見当もつかないようである。思えば、魚の名前に関する知識量は、人によって大きな開きがある。釣りをしない本土出身の私など、実に知識が乏しく、ミーバイ、グルクン、スク、ガーラ、チヌ……知っているのは居酒屋で食べられるものばかりである。

言葉のカテゴリーには、典型的なものとそうでないものがある。例えば「ペット」といえば、「犬」や「猫」は典型的なものになるが、「蛇」や「イソギンチャク」などは非典型的といえる。知り合いが「ペットを飼いたいな」とつぶやいたら、真っ先に「蛇」を首に巻いたり撫でたりしている姿を思い浮かべる人はいない。まっさきに思い浮かべるのは「犬」や「猫」に違いない。もちろん「蛇」や「イソギンチャク」を飼っている人は、いないわけではない。だが右の知り合いのつぶやきに対し、我々はまず典型的な存在である「犬」や「猫」を思い浮かべることによって、その後のコミュニケーションが成り立つのである。これは世界中のどの言語にも観られる機能のひとつでもある。

こうした様々な言語カテゴリーについて、沖縄に生まれ育った学生に「魚で典型的なものを挙げて下さい」と指示し、その人にとっての典型的な魚を思いつくままに列挙してもらったときがある。その結果は、「マグロ」、「サンマ」、「アジ」、「サバ」、「鯛」など本土の標準語による魚の名前が真っ先に挙がった。残念ながら、沖縄のお魚が真っ先にだされることはなく、「オジサン」に至っては、「魚」とは認識されていないようである。沖縄の若い世代にとって、典型的な魚は、本土の魚にすっかり置き換わっていることが分かる。

冷凍技術が発達する以前は、上に挙げた本土の魚もそれほど沖縄で食べられていたわけではなかろう。個人的な経験で恐縮だが、一九九〇年代後半に、沖縄のお店で「サンマ定食」を見つけて嬉しくなって注文したら、そのサンマがまるごと一本唐揚げにされていたことがあった。まさに沖縄でよく食される「グルクン」などと同じ調理法である。今では本土と同じ調理法のサンマが沖縄のお店でも普通に供されるが、以前はあまりサンマを食べていなかったのではないかと推測する。

言語カテゴリーにおける「魚の典型性」において、今の若い人たちが標準語の魚を想起するのは、沖縄における食の本土化と関係している部分も大きいと推測する。足を運ぶお店が全国展開しているお店ばかりになり、日常的に接するメニューが本土と変わらないものに画一化され、またスーパーに行けば地元の魚ではなく本土から空輸された魚が多く並ぶ。若者における「魚」の典型性の変化は、方言を失うという感覚というより、こうした環境への適応なのかも知れない。

「歯ぐき」について

琉球古典音楽の楽曲に「謝敷節」という曲がある。この歌詞のひとつに以下のものがある。

謝敷いたびせに　うちやりひく波の　謝敷みやらべの　め笑れはぐき

歌意は「謝敷の浜に引く波は、謝敷の娘の微笑んだときの歯ぐきのようだ」というものである。沖縄県国頭郡国頭村の謝敷に「謝敷節の碑」があるが、この碑には「はぐき」とはっきりと刻まれている。

最初にこの曲をお稽古で練習したときは、最後に「歯ぐき」が出てきたので、少し驚いた。なぜなら現代なら、相手を褒めるのに「歯ぐき」に着目して褒めるといったことはしないからである。また浜に打ち寄せる波は、数メートルあるので、それを「歯ぐき」に見立てると、想像する顔がやたら巨大に感じられたからである。もちろんこうした私の解釈は、歌ごころが分かっていないと評されるかも知れない。その評価は正しくもある。

だがこの「歯ぐき」についてあえて考えてみたい。ほめたたえられるべき「歯ぐき」とは何か？　これは実際には「歯」そのもの、あるいは「歯並び」のことを指しているのだろう。審美歯科どころか、歯の矯正技術が一般的ではなかった時代においては、歯並びの良さはなかば生得的なものだったと想像する。欧米では八重歯はドラキュラを彷彿《ほうふつ》とさせるとして、あまり人気がないらしいが、日本でもあまりの歯並びの悪さは、女性の美的評価に影響したに違いない。だから歯並びのよさは、かつては十分に美人の要件となっていた可能性はあろう。ちなみに「歯茎」に相当する表現は「はーしし（歯肉）」である。「はー」は、「は」が長音化して母音が伸ばされたもの、そして「しし」は「肉」を表す。

また「歯ぐき」は、普通にしていれば普段から露出するものではない。やはり笑ったときに「歯ぐき」は人の目に触れることになる。つまり笑う瞬間と「歯ぐき」の露出は、連動しているのであり、美人の笑顔を見られる瞬間というのは、当事者にとってはやはり嬉しいときなのであろう。よって「笑顔＝喜び＝歯ぐき」という図式が成立する。

認知言語学の用語でメトニミー（換喩）というものがある。これは部分または全体との置換関係を表すもので、「全体と部分の隣接性を強調し、実際に発話場面のなかで話し手にとって際立ちが高いものを参照点として、物事を言い表す修辞」と説明される。

つまり「たまには顔を出してよ」というときの「顔」は、顔面だけを出すことを期待して述べられた表現ではなく、顔を含む体全体、つまりその人そのものに来て欲しいということを表している。よって「顔」という部分は「その人そのもの」という全体を代表している。そして「その人そのもの」のなかで「顔」は「際立ちが高い参照点」と説明される。人に来て欲しいときに、「*たまに鼻を出してよ」とか「*たまに頭を出してよ」とは言わない。

また「冬は鍋を食べる」「やかんが沸騰している」「村上春樹を読んでいる」という表現もメトニミーである。「鍋を食べる」という表現も、食べるのは「鍋」ではなく「鍋の中の具材」である。「やかんが沸騰している」も沸騰しているのは実際には「やかん」ではなく、「やかんの中身」である。「村上春樹を読む」にしても、これは「村上春樹の小説」を指している。こうしたメトニミーは、全体と部分、容器と中身、生産者と生産物という関係が存在している。こうした表現は琉球語にも存在する。例えば、部屋でクーラーを付けている時に窓を開けると、沖縄では「クーラ逃げる」と表現する。厳密には「逃げる」のは「クーラーの冷気」であって、クーラーそのものが逃げ出すわけではない。この「クーラー逃げる」もメトニミーである。言語学にはこんな何気ない言い方にも名前が付けられているのである。

つまり謝敷節にでてくる「歯ぐき」というのは、美童（美しい少女）全体の「際立ちが高い参照点」として、機能しているのである。そうして考えれば、琉歌における修辞は、言語学的に考えても極めて興味深い。

ところで「歯ぐき」を女性の美しさの象徴として扱うことは、和歌や他の言語による文学にはどの程度あるのだろう？　ウッディ・アレンの映画の台詞で、「あなたの歯のエナメルがきれい」と相手を褒める台詞があったが、アレン監督はここで人を褒めるときの典型から外れた表現で笑いをとりにきたに違いない。

だが、謝敷節のこの歌詞に歯茎がでてくることは、決して笑いをとりにいったわけではなかろう。この「はぐき」には「歯口」と漢字があてられることもある。安富祖流の工工四の教本にはそのように書かれている。仮にこの「はぐき」が「歯口」であるなら、「はぐち」の実際の発音の「ち」を表記の段階で「き」に改めたことになる。これはハイパーコレクションということになる。

辞書には載っていないこと

ゴミの出し方は市町村によって異なる。それだけでなく、沖縄では市町村ごとにゴミを入れるビニール袋自体が違う。よって那覇市に住んでいるのに、回収業者に浦添市のビニール袋でゴミを渡したらきっとこう言われるかもしれない。「ここは那覇市なんですからね」と。

だが「那覇市」を辞書で引いても、「沖縄県にある都市」ぐらいしか辞書には書かれていない。これが普通である。もちろん「指定のゴミ袋でしかゴミを出せない都市」などとは書かれていない。だが「ここは那覇市なんですからね」と言われれば、何を言われているのかは母語話者なら理解できる。だが、日本語ができてもゴミの分別などが全然異なる地域から来た人なら、ひょっとして単に住んでいる場所を言われただけで、回収業者の意図するところは、分からないかも知れない。

「彼はまだ学生気分だ」こう言えば、日本語ネイティブの人なら何を言っているのか、その意図を把握することができる。だが、外国人となると必ずしもそうでなく、真面目な人は辞書を引く。だが辞書には「学生気分」という項目はなく、「学生」や「気分」がそれぞれ説明されているだけである。「学生」は「学問をしている人。特に、大学生。」とあり、「気分」は「気質。気性。」と書かれる。だが、これらの辞書の記述を総合して「学生気分」を推察すると、「学問をしている、大学生の気質、気性」ということになり、とても真面目な大学生のイメージが浮かぶ。だが、実際には「学生気分」という表現は、むしろ「大学生のようにいい加減で世間を知らず」という逆の意味になる。

恐らくどの辞書を引いても「学生」の項目に、「世間知らず」や「いい加減」といった意味は含まれていないだろう。だが我々は「学生気分」となると、言葉の背後からある種のイメージを引っぱりだして解釈している。実際は、言葉は辞書に書かれていることだけが全てではなく、辞書に書かれていないことも理解しなければ正確な理解にはたどり着けない。

ある言葉の、辞書に書かれているものを「言語知識」knowledge of language、それ以外の事柄を「世界知識」knowledge of the world と呼ぶことがあるが、言葉は辞書に書かれていることだけが全てではない。では、我々は「世界知識」をどのようにして習得しているのだろうか。

それは経験である。ある言葉が使われる文脈や、その言葉を発した人の表情や語気、雰囲気といったものを総合して辞書に書かれている以外の知識を日常の経験のなかで蓄積しているのである。「学生気分」というのは、「彼は学生気分が抜けなくて困るんだよな」、「いつまでも学生気分じゃ、社会では通用しない」といった否定的な文脈で使われることが多いことを経験しているのである。だから、「*学生気分が抜けてすっきりした」とか「*学生気分が抜けて上司から怒られた」ということは普通、言わないし、言われない。「学生気分」にくっつく動詞は「抜ける」である。「学生気分」は「抜く」ものでも、「感じる」ものでも、「出る」ものでもない。「学生気分」については「抜ける」という動詞が適当である。このように特定の言葉と言葉がつながる表現を慣用句と言っている。

例えば「手をさしのべる」という慣用句がある。これは「温かい手をさしのべる」、「愛の手をさしのべる」ということは言えるが、「*毛深い手をさしのべる」とか「*冷たい手をさしのべる」とは言えない。これは「手をさしのべる」という行為が、「手助けをする」、「困っている相手にとって良きことをする」という意味が含まれているからである。よって「温かい」、「愛」という言葉と、「手をさしのべる」はイメージのうえで矛盾しない。だが「冷たい手」というのは、手助けすることとイメージ的に矛盾するし、「毛深い手」

にいたっては、「手助け」そのものとは関係がない。

ある言葉が衰退するということは、どういうことを言うのか？　例えば「学生気分」という言葉を、どのような文脈で使えば適当で、どの文脈では使わないのか。また「手をさしのべる」といった慣用句を使って、さらに豊かな表現を試みた場合、「愛の手をさしのべる」はＯＫで、「毛深い手をさしのべる」というのはＮＧであるという判断をつけられる人がいなくなってしまうことを意味する。さすがに「毛深い手……」というのは常識的にあり得ないと判断できても、「?.友好の手をさしのべる」、「?.相互利益のために手をさしのべる」といった微妙な例については、「それは言わない！」と断言することは、母語話者（ネイティブ・スピーカー）でなければ難しい。

今や言語学ではネットを利用して大量の用例を扱って研究が行われている。こうした言語材料をコーパスというが、文学作品や論説、新聞記事など、数多くの文字資料を集積したものである。大量の言語データに基づいて頻度や使用の状況とその変遷を調べることができる。そしてコーパスは、辞書に記述されていない用例を数多くはじきだすので、「世界知識」を知るのに大いに役立つ。

だがコーパスを使って分析できる言語は、文字化されたものに限られるため、十分に文字化されていない琉球語は、この点で将来かなり分析が難しい言語になると予想される。現在、言語学者によって琉球諸語の記録が行われているが、それだけでは限界がある。辞書を編纂して項目の説明をするだけでは、上に述べたような問題が残る。多くの話者が自発的に琉球語を記録していくことが行われなければ、慣用句をはじめとする多くの表現に、後世の人々が接することは難しい。私が琉球語の継承に文字化が重要になってくると感じるのは、この理由による。

今後、琉球語がどのように変わっていくのかは誰にも分からない。だが美しい言葉でなくても、不完全な形ではあっても、ありのままの姿を書き残しておくことは、今にとってでも、将来にとっても意味のあることだと信じている。そしてその役割は言語学者だけのものではない。

おわりに

私の人生もあと数年で半世紀に達する。来し方を振り返って感慨深い街と言えば、初めての外国で、留学もしていた上海、研究に専念する時間を与えられたパリ、そして二十年という人生で一番長く過ごした沖縄である。これらに共通するのは、いずれも言葉で困った街であったことだ。言語の研究をしているといえば、古今東西の言葉に通じ、言葉には不自由を感じない、そんなイメージをもたれるかも知れないが、私の場合、全く異なる。上海は中国語、パリではフランス語、沖縄では琉球語の前で戸惑ってばかりだった。聞きとれない言葉に囲まれ、意味も通らない言葉を発して相手を困惑させる。そんな日々であった。そして今、京都の微妙な言い回しに苦慮しているところである。

本書は沖縄における私と言葉とのめぐり逢い、そして戸惑いを書き留めたものである。拙著『しまくとぅばの課外授業』の続編とも位置づけられるが、今回は認知言語学の視点を取り入れた点が異なる。百年以上も前に生まれた言語学は、様々な方向に充実・発展しており、その新たな理論は英語やフランス語、中国語、日本語など様々な言語の分析に試みられてきた。本書には、自分にとっては新しい、しかし言語研究では比較的オーソドックスな方法を使った、ささやかな試みが含まれている。だがそれで何も伝わらないというのでは意味がないので、なるべくわかりやすさに配慮して書いたつもりである。近年、最新の学術的成果は英語で書かれるようになっていることに加え、学者の研究論文は一般の方には難解なものになり、研究者と一般の方の溝は深まるばかりにみえる。そこで少しだけでも研究成果を一般の人にも知って欲しいという気持ちが本書には込められている。

本書の成立には多くの方にお世話になった。金城武先生や我那覇常允先生など三線や笛の師匠や、そのお知り合いに、三線以外の事柄も多く教えて頂いた。この場を借りて心からの感謝を申し上げたい。また行きつけの串焼屋でご一緒させて頂く、友さん、宮城さん、島袋さんご夫妻にも貴重なお話をうかがった。母語話者のもつ語感や、場面での言葉の使い分けは実に参考になった。また琉球大学法文学部の赤嶺政信先生、そして事務職員の方々にも、ご協力をいただいた。とりわけ松元さん、赤嶺君、知念君は、お忙しいところ快く質問に答えてもらい、編集者の新城和博さんにもアドバイスを頂いた。本書はこうした沖縄の方々による、優しさの賜物である。

本書を両親に捧げる。

京都・紫野にて　石崎博志